평생 부자로 살 수 있는

성공적인 주식투자가 되길

진심으로 응원합니다.

남 석관 올림

평생 부자로 사는
주식 투자

도서의 판매금액 중 10%(저자 인세)가 비영리 공익법인에 전액 기부됩니다.

평생 부자로 사는 주식투자

초판 1쇄 발행 2021년 1월 20일
초판 18쇄 발행 2024년 1월 10일

지은이 남석관
펴낸이 손선경

기획 김형석

펴낸곳 모루북스
출판등록 2020년 3월 17일 제25100-2020-000019호

주소 서울 중구 남대문로 9길 24 패스트파이브 타워 1026-3호
전화 02) 3494-2945
팩스 02) 6229-2945

ISBN 979-11-970019-1-8 (03320)

출판을 원하시는 분들의 투고와 기획 아이디어를 기다립니다.
moroo_publisher@naver.com

대한민국 최상위 슈퍼개미의
주식투자론

평생
부자로 사는
주식투자

남석관 지음

모루

일러두기

① 책에 실린 용어들 중 일부 혼용되어 나타나는 단어의 경우(예: 단기투자와 단기매매,
   시장 중심주와 시대 중심주 등) 의미와 맥락상 같은 뜻이며, 굳이 하나의 용어로 통일
   하지 않았음을 밝힙니다.
② 여타 주식 관련 도서에서 참고용으로 제시하는 그래프나 표 등은 가급적 생략했는데,
   도서의 콘셉트 상 기술적 분석보다 중요한 투자원칙을 더욱 강조하고, 쉬운 주식투자
   이해를 돕고자 합니다.

우리에게 돈은 어떤 의미이고 어떤 존재일까요? 돈은 긴 생명력을 유지하며 이 세상 어떤 권력보다 큰 영향력을 행사해왔습니다. 돈이 많고 적음에 따라 삶의 질이 바뀌고, 삶을 영위하는 데 필요한 선택의 폭이 달라지며, 심지어 인간의 가치나 존엄성 문제도 돈에 따라 좌우될 때가 많습니다. 사람들은 돈 앞에서 행복과 기쁨을 느끼기도 하지만, 거꾸로 돈 앞에서 한없이 존재감이 작아지는 모습을 보이기도 합니다.

돈이 모든 것을 해결하는 만능열쇠가 아니라고들 말하지만, 사실 생각보다 많은 문제가 돈으로 해결되는 일이기도 합니다. 인류가 시작된 이래 돈, 즉 재물(財物)은 인간사의 많은 부분과 밀접한 연관을 맺고 있습니다. 돈이 인간사 곳곳에 미치는 영향력을 고려할 때 '지금보다 돈을 더 잘 벌 수 있는 방법, 경제적 독립을 이룰 수 있는 방법'을 고민하는 모습이 우리의 일상이기도 합니다.

어떤 방법으로 돈을 벌까?

돈을 잘 버는 수단, 비법이 무엇일까?

그 결과는 신통했나?

오늘날, 수많은 직장인과 젊은이들이 높은 수익을 기대하며 주식투자로 눈을 돌리고 있습니다. 특히나 20~30대를 중심으로 주식투자 인구가 빠르게 늘어나는 추세입니다. 2020년 7월 〈월스트리트저널(WSJ)〉에서는 급격히 늘어난 대한민국의 주식투자 인구에 대한 기사를 다루기도 했습니다. 미국과 한국의 총인구 대비 주식거래 계좌 수를 비교한 기사였는데, 미국의 경우 1인당 0.31개(1억 200만 계좌) 계좌인 반면, 우리나라는 1인당 0.61개(3,125만 계좌) 계좌를 소유했다는 내용이었죠. 그런데 2020년 말에는 주식거래 계좌가 더 늘어나 3,548만 계좌라고 합니다. 시장에서 떠도는 '영끌투자(영혼까지 끌어다 모은 투자)' 열풍이 대한민국을 휩쓸고 있음을 실감합니다.

2020년 초 코로나19 사태 시 '동학개미운동'을 주도한 투자자들을 포함하여 현재 '영끌투자' 열풍을 견인하는 이들은 놀랍게도 20~30대 청장년들인 것으로 알려져 있습니다. 주식시장 관계자들의 전언에 따르면, 2019년 대비 2020년 상반기 20~30대 청장년들의 신규 주식계좌 수는 무려 50% 이상 급증했다고 합니다. 많은 청장년들이 미래에 대한 불안함, 저금리 및 저성장 시대의 돌파구로 주식투자에 눈을 돌린 듯합니다. 무척 반가운 소식이지만 한편으로는 우려스럽습니다. 주식투자를 하기에 앞서 준비가 잘 된 분들은 그나마 걱정이 덜 되지만. 사전에 준비도 없이 한 방을 노리며 입문한 주식투자자라면 수익보다 손실을 경험할 확률이 더 높기 때문입니다.

저는 주식투자에 관심이 많은 분들뿐만 아니라, 다년간의 주식투자 경험이 있더라도 변변한 수익을 내지 못하는 분들에게 주식투자로 성공을 경험한 선배로서 도움이 될 만한 이야기를 솔직하게 공유하고 싶었습니다. 그것이 책을 쓰게 된 동기입니다. 시중에는 주식투자 관련 책들이 차고 넘칩니다만, 저는 기존의 책들과 다른 차별성을 부여하는 데에 더욱 신경을 썼습니다. 흔한 차트나 기술적 분석, 또는 재무제표와 같은 복잡한 이야기를 되도록 자제하고, 다만 독자들이 내용을 이해하는 데 도움이 되는 수준으로만 소개할 예정입니다. 그 대신 제가 30년 넘도록 주식투자를 하면서 느낀 '주식투자자가 반드시 알고 지켜야 할 투자원칙 이야기'가 주를 이룹니다.

약 30년 전, 저는 여러 돈 버는 방법들 중 주식투자에 큰 매력을 느꼈습니다. 그런데 주식은 뉴스와 정보에 따라 가격이 결정되는 특징을 갖고 있습니다. 그래서 저는 오늘 아침에도 서너 개의 신문을 꼼꼼히 읽으며 세상이 돌아가는 모습을 유심히 관찰했습니다. 예전에는 주요 일간지마다 전날의 주식 시세가 약 2~3면에 걸쳐 빼곡히 채워져 소개되었는데, 이를 꼼꼼히 분석하며 시간을 보낸 기억이 떠오릅니다.

　아는 분도 계시겠지만, 저는 전업투자의 길로 나서기 전 14년 동안 직장생활을 하면서 틈틈이 주식투자를 경험했습니다. 직장생활과 병행한 14년의 투자 경험을 바탕으로 전업투자자가 되었고, 그렇게 또 20년의 시간이 흘렀습니다. 젊은 시절의 저는 '어떤 방법으로 더 많은 돈을 벌어 경제적 자유를 누릴 수 있을까?'라는 물음과 그에 대한 해답을 주식투자에서 찾았습니다. 세상의 모든 정보가 실시간으로 반영되어 가격이 결정되는 주식시장이라면, 평소 세상의 일에 관심이 많고 어느 정도 공부가 되어 있는 내가 뛰어들어도 손해를 안 볼 거라는 확신이 있었습니다. 그리고 결과는 생각보다 성공적이었습니다!

　사람들은 제가 전업투자자로 20년 이상 살아오면서 단 한 해도 잃지 않고 큰 수익을 거둔 결과에 놀라곤 합니다. 하루 종일, 무려 20년 동안 주식에 매달리다 보니 제 말이 100% 정답은 아닐지라도 시장 돌아가는 분위기나 어떤 이슈가 우리에게 발생했을 때 이를 꿰뚫어보는 감이 어느 정도 생겼습니다. 그리고 제가 거둔 수익은 오랜 시간 시장에서 깨닫고 배운 경험을 투자로 실천한 결과입니다.

　시장에 변화가 생길 때마다 향후 주식시장 전망을 묻는 언론사 인터뷰나 투자자를 대상으로 한 공개 강연에서 저는 20년 전업투자 경험을 간추려 몇 가지 원칙을 제시하고 공유합니다. 그런데 곰곰이 생각해보면 제가 10년 전에 강조했던 이야기나 현재 조언하는 이야기에는 큰 차이가 없습니다. '미래 전망이 좋아 보이는 어떤 주식을 언제 매수, 매도하면 나에게 수익이 되어줄지 판단한 후 투자 결정을 내리는 주식투자의 본질'은 예나 지금이나 똑같습니다. 이런저런 방송에서 누군가가 강조하는 '남들 모르는 특별한 기법이나 전략'이란 것도 사실은 누구나 쉽게 얻을 수 있는 정보들에 불과합니다. 그렇다면 남은 건 '공부'입니다! 특히 세상의 흐름을 살펴보는 공부가 주식시장에서 살아남는 유일한 방법이 될 거라고 생각합니다.

코로나19(COVID-19)가 전 세계를 덮친 이후, 암울한 뉴스가 쉴 새 없이 쏟아졌습니다. 팬데믹(Pandemic) 발발 후 제법 시간이 흘렀지만 사태 수습에 애를 먹을 뿐만 아니라, 경제 상황도 여의치 않습니다. 예기치 못한 변화에 적응할 겨를도 없이, 또한 우리의 의지와 상관도 없이 세상은 빠르게 변해갑니다.

　이런 세상에서 과거의 습관이나 틀에 박힌 고정관념으로 살아간다면 꽉 막힌 현실이 바뀌지 않습니다. 그리고 돈 없이 단 하루도 생활하기 힘든 우리의 현실을 고려할 때, 돈을 버는 방법에 대한 근본적인 고민을 다시 해봐야 한다고 생각합니다. 급변하는 세상에서 안정적으로 돈을 더 잘 버는 방법 찾기에 관심을 가져야 할 것입니다. 이래저래 돈 버는 방법은 많습니다만, 안정과 믿음을 주는 방법은 쉽게 눈에 안 띕니다. 그렇다면 주식투자가 나름 괜찮은 대안이 될 수 있을까요? 제 경험만 놓고 볼 때, 저는 충분히 가능하다고 생각합니다.

주식시장의 경우 늘 거짓 정보와 달콤한 말로 투자자를 현혹하는 일이 흔합니다. 특히 투자자 스스로 통제할 수 없는 대내외적 환경이 불쑥 찾아오면 투자심리가 흔들릴 수도 있습니다. 때때로 중요한 매수매도 결정을 내리지 못한 채 외로운 싸움을 벌이는 자신을 다독일 줄도 알아야 합니다. 특히 전업투자자라면 자신의 눈앞에 닥친 헤아릴 수 없이 많은 어려움을 홀로 극복해야 합니다. 주변에서 들리는 잘못된 정보에 흔들리지 않고, 대내외 환경을 역이용하며, 시시때때로 찾아오는 어려움을 극복하는 데 필요한 것이 있다면, 세상 공부와 투자원칙 및 철학 갖추기가 아닐까 생각합니다. 그래야만 어떤 상황이나 시장 앞에서도 흔들리지 않는 중심 세우기가 가능합니다.

저는 책을 통하여 투자자들이 반드시 갖추어야 할 세상을 보는 안목, 투자원칙과 철학 갖추기, 실전 주식투자에서 유용하게 사용할 수 있는 몇 가지 경험을 여러분과 나누고자 합니다. 만약 여러분이 소중한 가족의 생계를 책임진 전업투자자라면, 투자 시 열과 성을 다하는 것도 중요합니다. 우리 주변을 둘러보면 뜨거운 열정 대신 헛된 욕망만 가득 찬 투자자, 간절함이나 절실함 대신 습관적으로 아무렇게나 매매하는 투자자, 스스로 공부한 내용은 까맣게 잊고 남의 정보를 맹신하는 주식투자자가 많습니다. 매수매도 주문을 낼 때 가족의 생계를 책임졌다는 사실을 떠올릴 필요가 있습니다. 이를 기억하면 단 한 주를 거래하더라도 신중할 수밖에 없습니다.

주식투자는 신중하고 계획적으로, 그리고 열과 성을 다할 때 높은 수익을 기대할 수 있습니다. 간혹 저에게 투자자문을 구하거나 자신의 계좌를 점검해 달라는 분들이 계십니다. 그분들의 속사정을 들어보면 구체적인 계획 없이 남들 따라 주식투자를 하는 분들, 기초 지식이 부족한 분들, 투자라는 개념 대신 투기에 가까운 생각으로 임하는 분들이 많습니다. 이런 분들을 볼 때마다 안타까운 생각이 듭니다.

이제 시장에서 살아남고 수익을 내기 위하여 30년 이상 분투하며 깨달은 이야기를 하나씩 공유합니다. 여러분이 주식투자를 하면서 마주하는 시행착오를 줄여줄 것으로 기대하면서 말입니다. 천천히, 꼼꼼히 읽으면서 독자 여러분의 주식투자에 선별하여 적용하기를 바랍니다. 어떤 분들은 유망한 주식종목 추천을 원할 수도 있겠습니다만, 그런 요구를 하는 분이나 어설프게 종목을 추천하는 분들은 모두 하수라고 생각합니다. 저는 한 마리의 물고기를 잡는 데 필요한 일회성 정보보다 꾸준히 물고기를 잡는 원칙을 강조하고 싶습니다. 올바른 주식투자의 방향성을 제시하는 일이 더 큰 도움과 가치가 될 것으로 믿기 때문입니다.

끝으로, 주식투자자라면 하루하루 빠르게 변하는 세상사에 관심을 가져야 함을 강조하고 싶습니다. 이는 별일 아닌 듯 보여도 실패하지 않는 주식투자의 첫 걸음입니다. 관심을 갖고 주변을 살피면 투자 기회가 눈에 들어옵니다. 또한 주식투자는 우리의 닫힌 생각을 열어주기도 하는데요, 공부를 하면 생각이 열리는 게 당연한 이치이듯 나이와 상관없이 꾸준히 세상을 살펴보는 공부를 통해 생각이 젊어지고 사고가 오픈됩니다. 이는 주식투자로 얻는 수익 이외의 '덤'이라고 생각해도 좋을 것 같습니다.

본문의 1장인 '위기와 기회가 공존하는 세상'에서 이와 관련한 이야기를 하나씩 정리했습니다. 2장 '평생 부자로 사는 주식투자'와 3장 '실전 주식투자로 부자 되기'에서는 제가 전업투자 생활을 하며 배우고 느낀 주식투자 노하우, 독자 여러분에게 성심껏 조언하고 싶은 내용으로 채워져 있습니다. 마지막 4장은 리스크 관리, 포트폴리오 구성, 계좌 관리나 분산 등 성공적인 주식투자를 위해 우리가 놓치지 말아야 할 내용들입니다.

한 권의 책에 독자가 원하는 모든 정보를 담을 수는 없지만, 저는 주식투자를 할 때 우리가 반드시 알아야 할 이야기를 쓰고자 했습니다. 어떤 방향으로 가야 실패하지 않고 성공할 수 있을까요? 책에 숨겨진 비밀을 꼭 찾기 바랍니다. 그리고 여러분의 주식투자에 반영하기를 바랍니다. 머리로만 아는 사람에 머물면 의미가 없습니다. 만약 그렇다면 아마 또 다른 책을 뒤적거리는 자신을 발견할지도 모를 일입니다.

오랜 시간 곁에서 저를 지켜보며 응원해준 아내와 어느새 성인이 되어 각자의 위치에서 최선을 다해 열정적인 삶을 사는 준하, 정하에게 서문을 빌려 고마운 마음을 전합니다. 그리고 책이 출간되기까지 수정과 퇴고 작업을 힘써 도와주신 이홍규 연구원과 출판사 관계자 여러분도 고생 많으셨습니다. 이 책에서 투자자 여러분의 마음속에 한두 가지 품어야 할 정보나 가치를 발견했다면, 저는 그것으로 족합니다. 모쪼록 모든 독자 여러분의 건강과 행운을 기원합니다!

우담(雨潭) 남석관

2장 ·························· 평생 부자로 사는 주식투자

3장 .... 실전 주식투자로 부자 되기

4장 ………… 성공적인 투자로 이끄는 몇 가지 퍼즐

1장

위기와 기회가 공존하는 세상

주식시장은 이 세상을 축소한 또 하나의 작은 세상입니다. 따라서 주식시장을 유심히 살펴보면 세상이 어떤 모습으로 돌아가는지 알 수 있고, 더불어서 빠르게 변해가는 세상에 관심을 가지면 변덕스러운 주식시장을 예측할 수도 있습니다. 현실의 세계와 주식의 세계가 서로 불가분의 관계에 있기 때문입니다. 1장에서는 가끔씩 우리를 찾아오는 경제적 위기를 비롯하여, 코로나19와 같은 재앙 속에서도 투자 기회가 있음을 강조합니다. 너무 친숙한 이야기, '위기가 곧 기회다!'라는 말을 다시 떠올려보시기 바랍니다.

주식시장은 또 하나의 세상

사람들이 모여 교류하는 모임을 표현할 때 흔히 '세상의 축소판'이라는 말을 즐겨 사용한다. 어떤 모임이든 그곳에 모인 사람들의 취향이나 스타일이 모두 다른 까닭이고, 세상에서 이루어지는 이야기가 작은 모임 안에서도 만들어지기 때문이다. 예컨대 낚시 동호회의 한회원은 '낚시가 인생의 축소판'이라고 말한다. 큰맘 먹고 고기를 잡으러 간 날은 값비싼 찌와 먹이를 준비해도 빈손으로 돌아오기 일쑤인 반면, 욕심을 버리고 생각 없이 가짜 미끼를 매달아 내린 날에는 대어를 잡기도 한단다.

동네마다 하나씩 들어선 도서관도 인생의 축소판이라고 부를 수있다. 많은 작가들의 생각을 책으로 묶어 한 곳에 모아두었기 때문이다. 그곳에서 사람들은 작가들이 남긴 언어의 유희와 생각의 파노라마를 간접 경험하며 상상의 나래를 펼친다.

주식시장도 세상의 축소판이라고 불러도 전혀 이상하지 않다. 주식시장에는 우리가 살아가는 데 필요한 물건을 만드는 대부분의 기업이 참여하며, 저마다 기업의 가치를 평가받은 채 주식시장에 들어와 있다. 주식 한 주의 가격이 몇 백 원인 것도 있는 반면에 가장 비싼 주식은 수백 만 원을 웃도는 등 시장과 주식투자자가 평가하는 기업의 가치는 저마다 달리 매겨진다. 참고로 미국 주식시장에서 가장 비싼 주식으로 알려진 버크셔 해서웨이(BERKSHIRE HATHAWAY)의 한 주 가격은 놀랍게도 30만 달러(시가총액 약 337조 원, 2020년 12월 기준) 선에서 오르락내리락한다.

기업들은 경제 활동에 이바지하면서 소비자가 원하는 물건을 만들어 제공한다. 그리고 생산이나 유통, 판매에 이르기까지 조직 운영에 필요한 자금을 주식시장에서 조달한다. 주식시장에 참여한 기업의 면면을 자세히 들여다보면 기업의 규모나 운영 스타일 등 저마다 특색이 있다. 또한 그들이 생산하는 제품의 경우 먹을거리, 옷가지 등 우리 실생활에 반드시 필요한 생필품에서부터 4차 산업혁명 시대를 이끌어가는 반도체, IoT(Internet of Things, 초연결 시대),[1] 5G, 6G 관련 첨단 산업 분야에 이르기까지 다양하다. 한마디로 없는 게 없는

---

1   초연결 시대 : '사물 인터넷'이라는 말로 잘 알려져 있지만, 저자는 '초연결 시대'라는 말로 표현하고 있다. 이 말은 우리 주변의 사물이 서로 인터넷으로 연결되어 정보를 교환하는 시스템을 말하며, 마치 영화 속에서나 볼 수 있었던 첨단 시스템이 우리 생활 곳곳에 자리 잡는 현상을 의미한다. 가령, 사람이 텔레비전을 켜기 위해 리모컨을 드는 대신 간단한 음성 명령으로 화면을 켜고 채널을 돌리는 일, 에어컨의 온도를 조절하는 일 정도는 기본이다. 잠든 주인을 깨우려고 전등이 켜지면 몸을 씻기 위한 온수가 준비되고 커피포트는 커피 물을 끓인다. 그리고 출근하려고 집을 나서면 사용하지 않는 집안의 모든 전열기구가 꺼진다. 이런 모습이 초연결 시대의 사례다. 전문가들은 가까운 미래에 인간의 간섭 또는 참여가 없더라도 사물끼리 시스템을 주고받는 환경이 만들어질 것으로 전망한다.

세상의 축소판이 주식시장인 셈이다. 이처럼 주식시장에는 우리가 살아가는 데 필요한 모든 물건을 생산하는 기업들이 저마다 다른 평가를 받으며 참여 중이다.

한편, 지금은 빠르게 변하는 세상이다. 자고 일어나면 어제와 달라져 있을 만큼 세상이 변해가는 속도가 상상을 초월한다. 이런 상황을 고려할 때 주식시장을 관찰하는 일은 어떤 의미가 있을까? 아마도 사람들은 주식시장을 통해 굳이 투자와 관련된 일이 아니더라도 살면서 도움이 되는 여러 가지 유용한 정보를 배우고 얻게 될 것이다. 만약 당신이 주식투자자라면 세상의 변화와 흐름을 예의주시해야 한다. 주식시장이 어떻게 흘러가는지 관심을 갖고 지켜보면 세상이 눈에 들어오기 때문이다.

필자는 주식시장을 유심히 살펴보는 일은 세상을 배우는 또 다른 방법이 될 수 있다고 생각한다. 지금 이 시간에도 주식시장에서는 수많은 기업의 주식들이 저마다 높고 낮은 가격으로 형성되어 매수자와 매도자의 선택을 기다린다. 수많은 기업들 중 투자자가 특히 관심을 더 가져야 할 분야는 미래 모빌리티(전기차, 수소차), 반도체, 그린 뉴딜 관련주라고 할 수 있겠다. 위에서 살펴봤듯이 주식시장 안에는 소재와 부품(원자재)기업에서부터 최첨단 IT 기업에 이르기까지 우리 삶에 필요하고 도움이 되는 제품을 만드는 거의 모든 기업이 있다. 세상의 흐름과 시장 분위기를 알고 싶다면 시간이 날 때마다 주식시장을 유심히 관찰하는 자세가 필요하다.

코로나19 복병의 등장

사람들은 유행이나 트렌드에 민감하다. 혹시 내가 유행에 뒤지면 도태하거나 낙오하고, 왠지 시대와 안 맞는 구식 사람으로 전락할 수 있다는 불안함도 느낀다. 그래서 많은 사람들이 유행에 뒤지지 않으려 노력한다. 그런데 일반인들뿐 아니라, 특히 주식투자자라면 시장에서 나타나는 일시적인 유행이나 트렌드에 더 큰 관심을 가져야 한다. 유행이 속속 바뀌며 새로운 트렌드가 만들어지면, 주식시장에도 그 변화가 반드시 반영되기 때문이다.

우리는 주식시장에 상장된 해당 기업의 주가 변화를 통해 사람들이 새로운 트렌드에 얼마나 관심이 많고 열광하는지 또는 관심이 금세 시들고 마는지의 여부를 쉽게 가늠할 수도 있다. 한편, 정상적인 유행이나 트렌드가 아니더라도 우리 사회를 뒤바꾸는 사건들도 주목해야 한다. 최근의 사례가 신종 코로나19(COVID-19) 사태다. 이 질병은 단순히 한 지역의 문제를 넘어 전 세계로 확대되었다. 그 결과 2020년 12월 말 기준(2020년 12월 30일 기준) 전 세계 누적 확진자 수는

8,200만 명에 이르고 사망자의 경우 200만 명에 육박했다. 실로 안타깝고 참담한 일이다.

바이러스 노출에 따른 수많은 확진자와 사망자의 발생은 그동안 가설로만 전해지던 에어로졸 감염의 가능성을 일부 확인한 결과일 수도 있다. 참고로 에어로졸 감염이란 공기를 통해 바이러스가 전파될 수 있다는 의미라는데, 코로나 바이러스가 1μm 이하의 작은 에어로졸(수분 입자) 속에서 공기를 타고 확산할 수 있다는 뜻이다. 의학 전문가들에 따르면, 코로나19 확진자의 침이 잘게 쪼개어지면 에어로졸이 될 수 있다고 한다. 일반적인 감염 경로로 알려진 비말을 뛰어넘는 공기 중 감염은 사람들에게 공포심을 제공했고, 우리나라뿐 아니라 전 세계 주식시장이 폭락을 경험했다. 코로나19 사태는 인류에게 큰 공포를 제공했지만, 주식투자자라면 이런 상황에서도 투자 기회를 찾고자 노력해야 한다.

코로나19라는 전대미문의 사건은 익숙했던 우리의 삶을 송두리째 바꾸어놓았다. 사람들이 모임을 자제함으로써 너무나 당연시 여기던 대면(對面) 생활이 비대면으로 상당 부분 바뀌었고, 많은 사람들이 이처럼 낯선 생활 시스템에 익숙해지느라 좌충우돌했다. 어떤 이들은 질병의 직접적인 고통의 당사자가 되기도 했다. 당연히 소비나 생산의 구조 역시 과거와 달리 크게 변할 수밖에 없었다.

다소 비정하다는 생각이 들겠지만, 나는 절망적인 사건이 벌어져 사람들이 혼란에 빠진 상황에서도 큰 수익을 기대할 만한 투자 기회가 있음을 그간의 경험으로 알 수 있었다.

📊 위기 속에서도 투자 기회 찾기

신종 코로나19 확진자가 다수 발생함으로써 충격과 영향력이 주식시장에 전달된 2020년 3월 중순, 당시 전 세계 주가뿐 아니라 국내 코스피, 코스닥지수도 폭락했다. 필자는 이런 상황을 지켜보면서 한편으로는 곧 다시 가파른 상승세를 이끌어갈 시장의 힘을 믿었다. 모두들 위기라고 전망하며 공포에 빠져 있을 때, 나는 오랜 경험으로 시장이 빠른 시간 안에 회복할 것으로 판단했다. 그리고 나의 믿음을 투자로 밀어붙인 결과 큰 수익을 거둘 수 있었다. 코로나19 사태가 사회를 변화시키는 바람직한 유행이나 트렌드가 아닌 비극적 사건일지라도, 우리 삶을 송두리째 바꾸어놓는 이런 사건이 주식투자자 입장에서는 충분히 투자 기회가 되기도 한다. '위기가 곧 기회'라는 믿음은 과거에 경험한 몇몇 대폭락 시기 이후, 반드시 주가가 회복한 경험에 근거한다.

예기치 못한 위기가 찾아왔을 때에도 반사 이익에 따른 호황을 누리는 곳이 있게 마련이다. 주식시장의 경우 대면사업은 매출 절벽으로 고통을 받았지만, 비대면 관련 사업은 사상 최고의 호황을 누렸다. 정상적으로 작동하던 사회 시스템에 큰 변화가 생기면 처음에는 불안하고 갈팡질팡하지만 곧 정상적인 모습으로 복귀하려는 속성을 갖는다. 이런 심리가 주식시장에도 고스란히 반영되는데, 주식시장이 세상을 축소한 또 하나의 세계이기 때문이다.

긍정적이든 부정적이든 우리가 살아가는 세상에서 벌어지는 수많은 일들이 주식시장에 반영된다는 사실을 믿는다면, 투자자들은 항상 시장을 주목하고 관찰해야 한다. 그 안에 숨겨진 투자 기회를 포착함으로써 수익을 거두는 승부사가 되어야 하기 때문이다.

새로운 것들에 대한 갈망

사람들은 본능적으로 편안함과 효율성을 추구한다. 이런 생각이 새로운 시대를 만들어가는 추동력으로 작용한다. 오늘은 어제와 또 다른 새로운 시대다. 따라서 우리는 늘 새로운 시대에 살고 있는 셈인데, 아침에 일어나면 항상 새로운 시대가 우리를 기다린다. 새로움은 사람들을 즐겁게 만든다. 우리가 과거에는 볼 수 없었던 새로운 기술이나 상품에 매력을 느끼고 더 높은 가치를 부여하는 건 당연한 일이다.

주식투자자라면 새로움에 대한 갈망이 특히 더 커야 한다. 주변을 둘러보고 무엇이 어떻게 달라졌는지 예의주시하면, 남다른 투자 혜안과 지식을 얻는다. 그렇게 얻게 된 투자 혜안이 수익으로 이어지는 것이다. 상품을 홍보하는 수많은 기업의 광고를 보고 있노라면, 새로운 시대에 적합한 제품이라고 홍보하며 소비자를 유혹한다. 새롭다고 강조하며 홍보해야 사람들이 관심을 보이고 흥미를 느끼기 때문이다. 새로움을 한마디로 정의하면 신선하다는 뜻인데, 우리가 사용하는 상품이 됐든 먹는 음식이 됐든 간에 새롭고 신선해야 매력이 있고 가치 또한 높다.

인류가 끊임없이 새로움을 추구해왔다는 증거는 산업혁명 진행 과정을 통해서도 알 수 있다. 독자 여러분도 잘 아는 내용이겠지만 간략히 정리해본다.

1~2차 산업혁명

인류가 3000년 이상 지속해온 농경사회를 마감할 수 있었던 배경은 18세기 말 영국에서 촉발된 1차 산업혁명 덕분이었다. 부쩍 수요가 높아진 면직물의 대량 생산을 가능케 한 방직기계의 출현, 그리고 새로운 동력 전달 방식을 제공한 증기기관의 탄생이 1차 산업혁명을 이끈 새로움이었다.

그렇게 100년 정도 시간이 흐른 19세기 후반, 또다시 새롭게 등장한 전기 에너지 기술이 2차 산업혁명을 주도했다. 전기 에너지를 기반으로 대량 생산의 확산세가 전 세계로 널리 전개되었고, 과거에는 경험하지 못한 생산 시스템에도 획기적인 변화가 나타났다. 그리고 바로 이 시기에 라디오, 전화기, 영화 등이 대중에게 소개됨으로써 인류의 삶의 질이 실질적으로 개선되기 시작했다. 특히 2차 산업혁명 산물의 대명사로 불리는 '전기의 발명' 이전과 이후는 문명화된 인간의 삶의 기준으로 여겨지기도 한다.

3차 산업혁명

새로움을 갈망하는 인류의 진화는 멈추지 않았다. 20세기 후반에 들어, 컴퓨터 보급과 인터넷을 기반으로 한 지식정보의 혁명이 일어난 것이다. 이 사건은 불과 30년 전의 일로서 3차 산업혁명의 출발점이 되었다. 현재 미국 주식시장 시가총액 상위에 올라 있는 구글, 아마존, 애플 등의 기업이 지식정보의 네트워크화라는 3차 산업혁명의 흐름을 주도했으며, 우리나라에서는 네이버와 카카오가 주목을 받았다. 이들의 노력으로 세계가 하나로 연결됨으로써 인류는 거리와 시간이라는 제약에서 자유로워질 수 있었다. 이 사건은 놀라운 혁명이라고 부를 만하다. 참고로 3차 산업혁명을 이끈 기업들 중 일부는 오늘날 4차 산업혁명 시대의 선두 대열에 포함되어 있기도 하다.

4차 산업혁명

지금은 4차 산업혁명 시대다. 4차 산업혁명의 도도한 물결은 우리의 삶 곳곳에 스며들어 있으며, 부정할 수 없는 현실이 되었다. 과거에는 누구도 꿈꾸지 못한 일들이 우리 눈앞에 와 있는 것이다. 몇 가지 사례로 인간의 지능을 대신한 AI(Artificial Intelligence, 인공지능), 기계들끼리 정보를 교환하는 IoT(초연결 시대), 더욱 빠른 인터넷 정보전달 기술인 5G, 6G 등은 현대인의 삶을 혁신적으로 바꾸는 중이다. 이들 최첨단 기술은 독자적인 활용에 머물지 않고 상호 기술의 융복합을 통하여 새로운 가치를 끊임없이 만들어낸다. 현재 우리가 향유하고 있는 4차 산업혁명의 흐름은 당분간 지속될 것으로 보인다.

혹자는 빠르게 진행되는 세상의 변화에 둔감하거나 크게 신경 쓰지 않는다. 감각이 무디거나 변화를 애써 외면하는 모습일 수도 있다. 하지만 가랑비에 옷 젖는 걸 모르고 걷다 보면 나도 모르는 사이에 흠뻑 젖게 된 자신만 발견할 뿐이다. 주식투자자라면 현재 내 주변에서 벌어지는 일들, 특히 항상 새로운 것들로 아젠다(Agenda)를 주도하며 변화를 이끌어가는 혁신 기업을 주목하자. 아울러 그들이 어떤 아이디어를 내고, 어떤 결과를 만들어내는지도 유심히 관찰할 필요가 있다. 그 이유는 그들이 새로움을 추구하는 과정과 무언가를 만들어낸 결과에 기존과 다른 새 기회가 숨어 있기 때문이다.

　주식투자자라면 신제품 출시, 혁신 경영, 미래를 내다본 투자, 심지어 검증되지 않았더라도 새로운 무언가를 도모한다는 정보에 마음이 설레야 한다. 일례로 3~4년 전, 우리나라에서는 4차 산업혁명 중심주로 지목된 '삼성전자, SK하이닉스' 등의 반도체 관련주가 주목을 받았고 지금까지 꾸준한 상승세를 보여주고 있다. 주식투자자라면 현재 시장을 선도하는 기업이 4차 산업혁명 관련주라는 점 정도는 기억해야 한다.

04

일상을 지배하는 플랫폼

우리가 일상용어로 사용하는 말이 하나 더 생겼다. 다름 아닌 플랫폼 (Platform)이라는 단어다. 플랫폼이라고 하면 왠지 지방의 어떤 기차역 대합실이나 옛 유행가 가사가 떠오르는 분들도 있을 것 같다. 플랫폼의 사전적 의미가 기차 또는 버스를 타고 내리는 '승강장'이란 뜻이기 때문이다.

그런데 지금은 플랫폼이란 말이 사전적 의미를 벗어나 다른 개념으로 널리 확대 사용된다. 예를 들면 상품을 거래하거나 어떤 프로그램을 개발할 수 있는 인프라, 사람들이 상품을 팔기 위해 공통으로 사용하는 기본구조, 작업할 때 필요한 공간이나 구조물, 심지어 정치·사회·문화적 합의나 규칙도 플랫폼이라고 부른다. 이렇듯 오늘날의 플랫폼 개념은 온·오프라인의 경계를 넘어 많은 사람들이 관심을 갖고 즐겨 찾는 공간이라는 의미다.

현재 우리가 사는 세상을 '플랫폼 시대'라고 부르는 이유는 많은 사람들이 플랫폼에 의존하며 하루하루를 살아가기 때문이다. 플랫폼 기업의 대명사로 불리는 우리나라의 '네이버', '카카오'와 미국의 '구글'이 제공하는 각종 서비스를 단 하루도 거르며 사는 사람을 찾아보기 힘들다. 지금은 누구나 네이버나 구글을 활용하여 뉴스를 검색하고, 전화 대신 카톡으로 주변 사람들과 소통하는 시대다. 게다가 실생활에 필요한 물건을 사는 방식도 과거와는 크게 달라졌다. 소비자는 자신의 마음에 들거나 필요한 물건을 인터넷으로 찾아보고 다른 사용자의 후기를 꼼꼼히 읽은 후 '쿠팡', '11번가', '위메프', 'G마켓' 등의 쇼핑 플랫폼에서 최종적으로 상품을 구매한다.

특히 코로나19 여파로 비대면 생활이 장기화되면서 가계의 소비문화에도 큰 변화가 나타나고 있다. 전통 시장이나 마트를 이용하는 고객보다 온라인으로 생필품을 구입하는 고객이 부쩍 늘어난 것이다. 이렇듯 플랫폼은 일상생활의 편리함을 더해주는 새로운 '문화'로 자리를 잡았다. 당연히 그곳에 새로운 비즈니스의 기회, 수익 창출의 기회, 도전의 기회가 한꺼번에 몰려 있다고 생각하는 것이 핵심이다.

다시 네이버와 카카오 이야기로 돌아가 보자. 이들 두 기업이 우리나라를 대표하는 플랫폼 기업이라고 불리는 이유는 수많은 사람들이 네이버와 카카오가 만들어놓은 공간에 몰려들기 때문이다. 사람들은 그 가상의 공간에서 새로운 문화를 만들어가며, 때로는 예상을 뛰어넘는 부가가치를 만들어내기도 한다. '많은 사람이 모이는 곳'에 기회가 있다는 말은 예로부터 지금까지, 그리고 당분간은 변하지 않는 진리가 될 것이다. 상품을 파는 사람이라면 당연히 많은 사람이 모인 곳에서 물건을 팔아야 하나라도 더 팔 수 있다. 소비자의 경우 내가 사고 싶은 물건의 가짓수가 많아야 합리적인 구매 선택의 폭이 넓어진다. 바로 이와 같은 수요와 공급이 새로운 플랫폼 시장 안에서 균형을 맞추고 있으며, 이에 발맞추어 나날이 플랫폼의 확산세가 커지는 중이다.

특히 IT 시대에 접어들면서 플랫폼의 영향력은 점점 더 확대되는 추세다. 네이버, 카카오, 구글, 아마존 등을 거치지 않고서는 경제·사회 활동을 원만히 해나가기가 어려울 정도로 우리는 플랫폼이 지배하는 세상에서 살고 있다. 이들 기업은 외형적으로도 규모가 엄청 커졌을 뿐 아니라, 주식가격도 엄청 많이 상승했다.

미국 주식시장에서도 글로벌 플랫폼 기업들이 시가총액 상위에 랭크되어 있다. 2019년 기준 글로벌 시총 '톱10' 중 7곳이 IT를 기반으로 한 플랫폼 기업(애플, 아마존, 구글, 페이스북, 알리바바, 마이크로소프트, 텐센트)들이다. 그중에서도 구글은 글로벌 플랫폼 기업의 대표주자라고 불린다.

📊 구글과 유튜브, 그리고 아마존

구글은 전 세계 최고의 검색 플랫폼이다. 지식의 공급자와 수요자를 연결하고, 대부분의 스마트폰 사용자가 이용하는 안드로이드 플랫폼을 보유함으로써 스마트폰 업계의 생태계를 좌지우지한다. 또한 전 세계 남녀노소가 애청하는 동영상 플랫폼 유튜브를 자회사로 소유하고 있다. 많은 구독자와 조회 수를 기록 중인 상위의 유튜브 크리에이터들이 자신의 창작 영상에 유튜브 측의 광고 노출을 허락하고 얻는 수익은 상상을 초월한다. 바로 이런 점이 유튜브를 성공으로 이끈 차별화된 수익 구조라는 평가를 받기도 한다.

아마존의 경우 1994년 출범 당시 인터넷 서점으로 시작하여 지금은 생활가전, 식음료, 엔터테인먼트, 물류배송 등을 포함한 세계 최대 인터넷 쇼핑몰로 진화했다. 미국 전체 온라인 시장 매출의 절반 이상을 아마존이 차지한다는데, 아마존의 출현으로 전통적인 오프라인 강자들이 줄줄이 몰락했다. 언제부턴가 우리나라 소비자들도 아마존을 통해 원하는 물건을 구매하는 온라인 쇼핑이 자연스러운 일상으로 자리를 잡았다. 심지어 지금은 어떤 분야에 아마존이 진출한다는 소문만으로도 해당 산업군 내 기업들의 주가가 크게 오르는 아마존 이펙트(Amazon Effect) 현상도 날로 강력해지는 형국이다. 구글과 유튜브, 그리고 아마존은 오늘날 전 세계에서 가장 강력한 글로벌 플랫폼 기업의 대표주자들이다.

앞서 말했듯이 우리나라에서는 네이버와 카카오(다음)가 대표적인 플랫폼 기업이다. 검색과 쇼핑 기능이 막강한 네이버와 메신저 기능이 큰 장점인 카카오톡은 자신들의 플랫폼 역량을 온라인 상에서 확대하고 있다. 한편, 코로나19 사태 이후 소비자들의 요구가 달라진 점을 잘 파악하고 대처한 '쿠팡', '배달의 민족' 등의 플랫폼도 주목할 만하다. 이들은 자신들의 강점인 분야에서 독보적인 위치를 차지하고자 지금 이 순간에도 치열한 전쟁을 벌인다.

글로벌 기업들이 플랫폼이라는 도구를 사용하여 독점적 지위를 확보하고자 노력하는 이유와 앞으로 어떤 플랫폼 기업이 인류의 삶을 혁신적으로 바꾸어나갈지 파악하는 일에 우리는 관심을 가져야 한다.

05

변화를 외면한 엑슨 모빌의 추락, 그리고 완벽한 부활

새로운 것에 매력을 느끼고 가치를 부여하는 인간의 욕구는 자연스러운 일이다. 사람들은 살아가면서 한결 더 편한 삶, 더욱 안락한 삶을 살고자 한다. 물건을 만드는 기업은 사람들의 욕망과 기호에 기업의 사활을 걸고 집중하며, 자신들이 만드는 상품에 혁신이라는 이름을 부여해 박차를 가한다. 그 결과 우리가 실생활에서 사용하는 물건들은 시간이 지날수록 각종 편의성이 더해져 제공된다. 편리함을 원하는 소비자의 욕구가 공급자에게 전달되고, 그 결과 사용자들이 과거보다 한결 더 편한 삶을 누릴 수 있는 세상이 되었다.

기업들은 새로운 편의성을 제품에 가미하기 위한 기술 개발에 적극적이다. 그 이유는 사용자(소비자)의 욕구를 채워주지 못하면 매출이 떨어질 테고, 그런 상황이 지속되면 시장에서 도태되기 때문이다. 거꾸로 사용자의 욕구를 발 빠르게 알아채고 대응하는 기업은 여전히 매력적인 상품을 만들어내며 소비자의 선택을 받는다. 이 경우 주가가 크게 오르는 건 당연하다. 여기서 주식투자자라면 새로운 것을 추구하는 곳, 새로운 아이디어가 반영되는 곳을 유심히 살펴야 한다. 그것이 투자의 핵심이다. 큰 수익을 안겨줄 투자 기회는 먼 곳이 아닌 바로 그런 곳에 있다.

서양의 격언 중 '나무를 보는 대신 숲 전체를 보라'는 말이 있다. 도도한 물결처럼 일어나 세상의 변화와 흐름을 이끄는 이야기에 관심을 가지라는 의미일 것이다. 주식투자자는 지금 이 시간에도 새로운 것을 추구하고자 애쓰는 기업을 주목해야 한다. 구태의연한 투자로는 큰 수익을 기대할 수 없는데, 시대정신이라는 흐름에 맞춘 주식투자가 성공으로 가는 길이 된다.

새롭지 않거나, 변화에 적응 못하면 망할 뿐이다!

미국의 정유회사 엑슨 모빌(Exxon mobil)은 수십 년 간 시가총액 상위권을 유지해온 회사였다. 그러나 2020년에는 100위권에서 처음 밀려나는 수모를 겪었다. 10년 전만 해도 엑슨 모빌의 시가총액은 전 세계 1위를 기록할 만큼 어마어마했다. 엑슨 모빌의 실적 부진과 도태의 원인은 크게 두 가지로, 친환경 에너지 트렌드의 부상과 코로나19 사태의 영향인 것으로 알려져 있다. 새로운 에너지 트렌드의 등장과 예기치 못한 외부 환경 변화에 속수무책 당하고 만 것이다.

결국 2020년 9월에 이르자 '다우지수30산업평균지수(미국 뉴욕증시의 우량 기업 30곳을 선별, 평균 시장가격을 산출한 지수-저자 주)'에서 엑슨 모빌이 제외되었다는 뉴스가 흘러나왔다. 이 소식은 큰 이슈가 되었고 전통적인 강자 엑슨 모빌이라는 이름만 믿고 그곳에 투자한 국내외 주식투자자들의 탄식이 여기저기서 터지는 듯했다.

필자가 몇몇 신문기사를 살펴보니, 엑슨 모빌은 시장이 변하는 데 따른 대응 속도가 늦었을 뿐만 아니라, 경쟁사보다 중장기 전략이 부실했으며, 평소 재무관리에도 허점이 있었음을 알 수 있었다. 이렇듯 뉴스를 통해 유통되는 정보의 진위나 행간을 잘 파악할 수 있다면 주식투자 시 큰 도움을 받는다. 여기서 우리가 기억할 것은 변화에 적응하지 못한 채 역사의 뒤안길로 사라지는 기업이 생각보다 많다는 점이다. 따라서 주식투자자라면 한 기업이 과거에 실현했던 영광에 너무 집착해서는 안 된다.

쉽게 회복할 수 없을 것 같았던 '엑슨 모빌'의 주가는 이후 2022년 2월 '러시아의 우크라이나 침공' 이슈에 힘입어 급등했고 코로나 셧다운이 해결되자 완벽하게 부활했다. 역사는 되풀이되고 주식시장의 흐름도 되풀이되는 경우가 매우 많다는 사실을 알 수 있다.

06

뉴 노멀 시대

한편으로는 세상의 변화라는 것이 그리 거창한 게 아닐 수도 있다는 생각도 가져본다. 주변을 잘 둘러보면 세상이 변했다는 걸 감지할 수 있는 시그널이 무척 많다. 예컨대 요즘 젊은이들은 점심시간에 브런치를 먹으며 즐거운 대화를 나눈다는데, 강남의 모 브런치 매장은 가게 문을 열기 전부터 길게 줄을 늘어선 손님으로 가득하다. 미리 예약하지 않으면 1시간씩 줄을 서야 할 만큼 인기가 높다. 이런 현상은 점심 식사에 대한 소비자의 인식 변화, 요식업계의 변화로 받아들여야 한다. 뿐만 아니라 문화의 변화가 반영된 사회의 한 모습으로 바라보아야 한다. 시대는 변하게 마련이고, 그와 같은 시대 변화에 따라 기준이나 표준도 새롭게 만들어진다. 그것이 바로 뉴 노멀(New Nomal)이다.

나는 오랫동안 전업투자를 하며 이런저런 경험들이 쌓이다 보니, 세상을 보는 눈이 일반인보다는 조금 더 넓다고 생각한다. 매일 큰 틀에서 움직이는 세상을 보려고 애쓰고, 틈틈이 시장 흐름을 파악하려고 노력한다. 이런 행동은 주식투자를 잘 할 수 있는 중요한 공부다. 그런데 요즘 내 마음속에 불편한 생각이 하나 자리를 잡고서는 영 가시질 않는다. 내용은 아래와 같은데, 다른 분들을 폄하하려는 의도가 아니니까 절대 오해하지 마시기 바란다.

시절이 하수상하여 많은 사람이 경제적 어려움을 겪고 있는 실정이다. 대부분의 사람이 각자에게 주어진 환경과 위치에서 누구보다 열심히 일하며 하루하루를 살아간다. 그러나 안타까운 건 열심히만 살 뿐, 세상의 변화를 배우고 적응하는 일에는 관심이 없는 것처럼 보일 때가 있다. 여러분의 눈앞에 놓인 일, 주어진 일을 열심히 하는 것을 탓하려는 것이 아니다. 누가 여러분을 탓할 수 있을까! 하지만 좀 더 넓은 시야를 갖추고 세상의 변화와 흐름에 동참하는 일을 해야 성공으로 가는 꽃길이 열린다.

　삶을 바꾸는 빠른 변화를 외면하거나 이에 적응하지 못하면, 내가 아닌 누군가 만들어놓은 틀에 갇혀 수동적으로 살아갈 수밖에 없다. 삶은 스스로 주도하며 능동적으로 살아갈 때 그 빛이 발현된다.

큰 그림을 보고, 시대정신에 동참하라!

열정과 에너지로 똘똘 뭉친 수많은 젊은이들에게 시대정신에 동참하라는 말을 꼭 해주고 싶었다. 아르바이트로 벌어들이는 적은 보수에 안주하면 안 된다. 그리고 기성세대를 탓하며 기회가 적다고 포기하지 않았으면 한다. 나도 언젠가는 꼭 부자가 될 수 있다고 꿈꾸기를 바란다. 꿈은 크기가 클수록 처음 바라고 원했던 꿈에 가까워진다고 했다.

젊은 시절 가난했던 내가 그랬듯 여러분도 경제적 자유를 충분히 누릴 수 있다. 때로는 불가능한 일처럼 느껴져 막막하더라도 마음속으로 끊임없이 되뇌고 곱씹으면 상황이 원하는 방향으로 흘러간다. 삶에 끌려 다니지 말고 주도적으로 삶을 이끌어가기를 권면한다. 더군다나 요즘은 코로나19 사태가 장기화되면서 '힘든 세상, 어떻게 살아야 할지 모르겠다!'고 말하는 분들이 주변에 정말 많다. 그런 분들이 열심히 살지 않은 건 절대로 아니다. 하지만 순진하게 일만 열심히 한다고 해서 잘 사는 것도 아니다.

그렇다면 어디에서 기회와 희망을 찾을 수 있을까? 내가 생각하는 정답은 세상의 변화를 감지하려는 노력에 달려 있다고 본다. 새로운 흐름에 발맞추어 각자 대비책을 마련하고 실천하는 삶이 결과적으로 가치 충만한 인생이 될 확률이 높다.

나는 오랜 시간 주식투자를 해왔기 때문에 가장 자신 있고 전문 지식을 갖춘 분야가 주식투자다. 살짝 조심스럽지만 여러분에게도 이성적·합리적인 주식투자를 해볼 것을 권한다. 만약 여러분이 주식투자를 하기로 마음을 먹었다면, 입문 초기에는 욕심을 버리고 한 가지씩 배우는 자세로 임하는 것이 바람직하다. 배운다는 자세로 경험을 쌓으면 두려운 상황도 차츰 극복할 수 있고 힘든 상황에서의 대응도 한결 수월해진다.

수익이 나든 손실이 나든, 초기의 주식투자 경험은 기초를 배우는 수업으로 생각해야 마음이 편하다. 때로는 수익이 날 수도 있고, 때로는 손실을 경험하겠지만, 결과에 일희일비하지 말고 경험으로 삼아야 한다. 느긋한 마음가짐, 심리적 안정도 주식투자자가 꼭 갖추어야 할 덕목이다. 그리고 앞서 강조했듯이 세상이 어떻게 변해갈지, 현재 세상을 선도하는 기업 또는 트렌드가 무엇인지를 살펴보려는 노력도 중요하다.

그리고 중요한 것이 하나 더 있다. 만약 당신이 현재 주식투자를 하고 있다면, 단 한 주를 매매하더라도 대충대충 생각 없이 남의 이야기만 믿고 따라가면 안 된다. 많든 적든 피 같은 돈을 투자하여 지키고, 불리는 일은 오롯이 나의 판단으로 이루어져야 옳다. 누군가가 알려주는 정보를 과연 믿을 수 있을까? '이런저런 주식이 좋으니 투자해보라'는 대부분의 이야기는 허언에 가깝다. 뒤에서 자세히 다룰 기회가 있겠지만, 특히 전업투자자라면 투자 시 거의 인생을 걸었다는 치열한 마음가짐도 필요하다. 가족이 경제적으로 곤경에 빠질 수 있다는 절박한 마음가짐 말이다.

시시때때로 찾아오는 위기들

우리는 위기에 항상 노출되어 있으며, 위기로부터 자유로운 사람은 세상에 한 명도 없다. 위기는 우리에게 공포심을 불러오고, 평온한 삶을 위협한다. 경제가 불안해지면 사회가 혼란에 빠지고, 정치가 불안할 경우 시민들은 답답해한다. 또 우리는 간혹 대비할 수 없는 예측 불가능한 자연재해를 종종 경험하기도 한다.

코로나19 질병도 위기의 한 종류로 분류할 수 있다. 우리는 사는 동안에 위기라는 불청객을 절대로 만나고 싶지 않지만 위기는 언제, 어떤 모습으로 우리에게 다가올지 모른다. 이 불청객들은 서로 순서를 바꾸어가며 반복적으로 우리를 찾아온다.

위기의 크기나 강도가 변수겠으나 위기가 닥쳤을 때의 대처법은 사람마다 또 국가마다 다르다. 우리는 위기가 찾아오면 오랜 세월 동안 반복된 위기를 통해 경험하며 배우고 깨달은 해법, 위기대응 매뉴얼에 따라 행동한다. 특히 주식투자자는 위기에 민감할 수밖에 없는데, 위기가 시장의 불안을 가중시켜 예상 밖의 폭락을 부추기기 때문

〈표 1. 1〉 위기의 종류들

경제적 위기들	정치적 위기들	자연적 위기들
– 1928년 세계대공황	– 폭동	– 태풍
– 1970년대 1~2차 석유파동	– 내란	– 지진
– 1997년 IMF 위기	– 전쟁	– 홍수
– 2008년 서브프라임 사태	– 대북 리스크 등	– 질병이나 전염병 등

이다. 흥미로운 사실은 주식투자자의 경우 스스로 위기를 만들어내기도 한다는 점이다. 대표적인 예가 '무분별하고 이성을 잃은 탐욕'이다. 이는 자기 자신을 위기로 몰아넣는 주범이다.

최근의 위기인 코로나19 이야기를 빼놓을 수 없을 것 같다. 이 사태는 국가적 위기를 넘어 전 세계적인 위기였다. 우리는 초기 방역에 실패함으로써 허둥대는 세계 여러 나라의 심각한 피해를 TV로 시청할 수 있었다. 사회적 거리두기, 비대면 정책 등 과거에는 한 번도 경험하지 못한 대응책들이 마치 몸에 안 맞는 옷을 입은 듯 어색했고 위기로 인한 불안감은 쉽게 가시질 않았다. 잘 알려진 이야기지만, 코로나19 이전의 세상으로 돌아갈 수 없을 거라는 전망이 나올 정도로 이 질병이 전 인류에 미친 영향은 엄청났다.

그러나 위기 속에서도 누군가는 전화위복의 기회로 삼아 큰 수익을 거두기도 한다. 대표적인 사람들이 주식투자자다. 주식은 요지경과 같아서 어떤 위기가 오더라도 모든 종목이 폭락하지는 않는다. 반드시 반대급부 종목이 있고, 위기 속에서도 호황을 누리는 기업도 존재한다. 코로나19 시절에는 백신, 비대면 관련 종목, 진단키트 관련 주가가 놀라운 상승세를 보여주었다.

살다 보면 누구나 위기에 처할 수 있지만 어떤 위기가 오더라도 사실 극복하지 못할 위기는 없다. 이는 오랜 인류의 역사가 증명해준다. 우리에게 위기가 찾아왔을 때 역발상으로 생각해보자. 위기 때마다 새로운 기회가 만들어진다는 사실을 말이다. 의도했든 그렇지 않든 간에, 위기는 변화를 불러왔고, 그 결과 새로운 세상이 열리는 촉매로 작용했다. 따라서 위기가 닥쳤다고 불안해하거나 절망하거나 심리적으로 주눅들 필요가 없다. 정신 바짝 차리고 앞으로 세상이 어떻게 변해갈지 상상하며 투자 기회를 찾는 주식투자자가 되자는 이야기다. 위기 앞에 노출되어 불가항력적으로 당하는 삶은 안타까울 뿐이다. 이런저런 위기가 찾아올 때마다 내가 직접적인 피해 당사자가 되어서는 안 된다는 생각을 가져야 한다.

냉정한 주식투자 세계에서는 위기가 또 다른 기회로 작용한다. 따라서 과거의 데이터를 분석한 주식투자자는 위기가 찾아와도 큰 걱정이 없다. 개인적으로 몇 개의 직업을 가져봤지만, 2008년 미국 금융위기와 2020년 코로나 팬데믹 상황을 겪으며 주식투자를 직업으로 선택한 걸 정말 잘한 일이라고 생각한다. 다들 위기에 노출되어 큰 어려움을 겪는 와중에도 나는 주식투자로 큰 수익을 거두었으니까 말이다.

08

팬데믹과 신데믹

세상 돌아가는 모습과 미래의 전망이 기사화되어 전달되는 수단은 신문이나 뉴스다. 나는 어릴 적부터 특히 신문을 꼼꼼히 읽어왔다. 신문 읽기는 40년이 넘도록 실천하여 몸에 밴 습관으로 자리를 잡았다. 얼마 전에는 코로나19와 관련하여 전염병 및 질병에 관한 기사를 읽을 기회가 있었다. 세계적인 학술지 〈네이처(Nature)〉와 〈사이언스(Science)〉에 실린 바이러스 관련 기사였다. 기사 내용은 인류를 괴롭힌 각종 질병이 언제부터 시작되었는지를 DNA 분석으로 밝히는 연구였다.

기사에 따르면, 가장 최근까지 인류를 괴롭혀온 천연두는 기원후 300년 무렵부터 유럽을 중심으로 창궐했다고 한다. B형간염 바이러스와 페스트의 원인균은 청동기 시대인 기원전 3000년부터, 그리고 결핵은 최소 6000년 전부터 인간을 괴롭혔을 것으로 과학자들은 유추한다. 인류의 역사가 곧 질병의 역사라고 부를 만하다. 이 같은 인류의 질병의 역사가 놀랍기도 하고, 한편으로는 그런 사실을 밝힐 수 있는 과학기술 역량에 감탄을 금할 수밖에 없다.

방금 언급한 질병들은, 간단히 주사 한 방만 맞으면 해결된다. 그러나 우리 생각보다 훨씬 똑똑한 바이러스는 인류가 백신을 개발하여 방어할수록 '변이'라는 수단을 이용해 또 다른 바이러스로 둔갑하여 우리를 공격한다. 대표적인 질병이 코로나19 바이러스다. 세계보건기구(WHO)는 코로나19 발생 이후 약 3개월 만에 팬데믹을 선언했다. WHO가 1948년 창설된 이후 홍콩독감(1968년 발생, 100만 명 이상 사망), 신종플루(2009년 발생, 약 2만 명 사망)에 이어 세 번째로 팬데믹을 선포한 것이다. 이 질병이 전 세계로 퍼져나갈 수 있다는 경고였고, 결과적으로 그렇게 진행되었다.

코로나가 점차 확산되면서 경제가 셧다운되자 국내 대부분의 대면사업 자영업자들은 매출 제로를 경험했다. 특히 여행업 종사자들은 폐업으로 굶어죽을 지경이라고 한숨을 쉬었다. 큰 위기가 왜 개인이나 기업에 영향을 주고 힘든 상황으로 몰아갈까? 나와 전혀 상관없을 것 같은 위기가 사실은 개인의 생존에 큰 영향을 미친다는 점도 알아둘 필요가 있다.

독자 여러분도 기억하겠지만 국내 증시는 팬데믹 선포된 이후 유례없는 폭락을 피할 수 없었다. 국내 증시에 큰 영향을 주는 미국 사정도 마찬가지였다. 미국의 증시는 2008년 금융 위기 이후 10년이 넘는 호황을 누렸으나, 코로나 확산세가 현실화되자 다우지수의 경우 29,000p 대에서 18,000p 대까지 곤두박질쳤다. 딱 2주 만에 벌어

〈그림 1〉 다우산업지수의 급락

코로나19 팬데믹

〈그림 2〉 나스닥종합지수의 급락

코로나19 팬데믹

진 일이었다(그림 1, 2 참고).

그리고 새로운 신용어가 하나 더 만들어졌다. 바로 신데믹(Syndemic)이다. 신데믹이란 단순히 1개 유행병이 아닌, 2개 이상의 유행병과 질병이 동시에 나타나 시너지(?)를 일으킨다는 뜻이며, 1990년대에 미국의 인류학자 메릴 싱어가 처음 사용했다고 전한다.

신종 코로나19 발생 이후 바이러스 관련 연구자들은 질병 원인을 규명하고 또 다른 예측을 위해 많은 논문을 발표했다. 그중 눈에 띄는 이야기는 인류를 위협할 수 있는 여러 가지 재앙이 동시에 발생함으로써 서로 상호작용을 통해 영향을 줄 수 있다는 내용이었다.[2] 가령, 기후변화나 미세먼지 같은 이슈가 새로운 바이러스 출현에 영향을 미쳤을 것이라는 예상이다. 기후변화, 미세먼지 등의 문제는 인류의 무분별한 플라스틱 사용과 화석연료 사용과 밀접한 연관이 있는 것으로 알려져 있다. 전문가들은 현재 눈앞에 닥친 유행병도 슬기롭게 잠재워야겠지만, 서로 얽히고설켜 영향을 주고받는 다른 문제도 잘 해결해야 인류에게 희망이 있다고 강조한다.

팬데믹 현상을 불러온 코로나19 위기에서도 백신과 진단키트 분야는 엄청난 수익을 누렸다. 일부 관련 기업의 주식은 5~10배 상승을 경험하기도 했다.

2   〈중앙일보〉, 2020년 9월 30일 기사(https://news.joins.com/article/23884246) 참고.

<그림 3> 신데믹 위기에 처한 인류 – 네 가지 대 유행이 동시에 진행 중인 지구촌

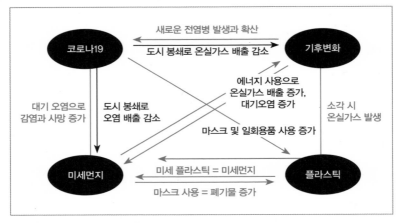

그림 출처 : 〈중앙일보〉 2020년 9월 30일

우리를 위협하는 질병이나 자연재해, 그리고 경제적 위기가 발생했을 때 사람들은 어려움을 극복하고자 발 빠르게 대처한다. 그 방법을 찾는 과정에서 투자 기회가 만들어진다고 앞서 말했다. 대표적인 예로 우리 정부는 최근 '그린펀드'를 출시했다. 원자력 사용을 줄이고 신재생 에너지 분야를 더욱 강력하게 집행하려는 움직임이다. 이와 밀접한 관련이 있는 분야가 태양광. 풍력 관련 기업들인데 실제로 이들 기업의 주가는 많이 상승했고 시장의 트렌드 중 하나가 되었다.

09

위기를 버티는 힘, 주식투자

예상치 못한 위기나 문제가 발생하면 누구보다도 일반 개인들이 힘들어진다. 개인들은 힘이 미약하고 대응력에 한계가 있어 위기를 잘 헤쳐 나가기가 어렵다. 그러나 이런 현실 속에서도 넋을 놓고 아무것도 하지 않으면 안 된다.

그렇다면 현실적으로 어떤 준비가 도움이 될까? 아마도 돈, 현금일 것이다. 옛날에는 겨울을 준비하면서 김장과 연탄 사재기를 했다. 그 정도 준비만으로도 추운 겨울을 잘 견딜 수 있었다. 세상이 지금처럼 복잡하지 않았기에 충분히 가능한 일이었다. 그러나 날로 급변하는 세상, 어느 한 곳에서 위기가 터지면 전 세계에 영향력이 퍼지고 마는 지금은 현금 보유가 개인이 위기를 극복하는 힘이 되어줄 수 있다. 그래서 사람들은 저마다 더 많은 돈을 벌기 위해 매일매일 노력하는 것이다.

자산을 불리는 방법으로는 여러 가지가 있는데, 크게 예적금, 부동산, 주식투자를 꼽을 수 있다. 그중 나는 위기를 대비하여 개인들이 준비해야 할 마지막 히든카드가 주식투자라고 생각한다. 과거에는 은행에 돈을 넣고 난 후에는 이자 소득을 기대했다. 하지만 시간이 갈수록 이 방법은 한계가 드러나고 있으며 0.5% 초저금리 시대가 된 오늘날, 시중은행에서 제공하는 이자로는 자산 늘리는 일을 거의 포기해야 할 판이다. 오히려 은행에 내 돈을 맡기면서 이자는커녕 보관료를 물어야 할 시대가 멀지 않았다.

그리고 예전에는 부동산 투자가 최고의 재테크로 인기를 끌었다. 실제로 주변에는 부동산 투자를 잘 해서 재산을 만든 분들도 쉽게 만나볼 수 있었다. 그러나 현재의 부동산 시장은 정책 변화가 엄청 심하고 규제도 점점 까다로워지고 있다. 부동산의 경우 환금성 면에서도 자유롭지 못할 뿐 아니라 워낙 큰돈이 들어간다는 것도 단점으로 지적되곤 한다. 이처럼 정책적·경제적인 면을 종합할 때 앞으로 과연 사람들이 부동산으로 돈을 벌 수 있을지 의문이 든다.

그렇다면 남은 건 주식투자뿐이다. 주식투자가 흥미로운 점은 숱한 위기 상황에서도 수익 창출의 기회가 늘 만들어진다는 데에 있다. 그래서 필자는 위기에 대처하는 개인들의 히든카드가 합리적이고 올바른 주식투자에 있다고 생각한다.

약 25년 전, 나는 몇몇 친구들과 앞으로 어떤 준비를 하고 살아야 좋을지에 대한 이야기를 종종 나누었다. 그때마다 나는 '내 삶의 히든카드가 주식투자'라고 말했던 기억이 난다. 당시 친구들은 내 말을 들으면서도 시큰둥한 반응을 보였지만, 시간이 지나고 보니 나의 선택이 옳았다. 주식투자의 또 한 가지 장점은 정년이 없다는 점이다. 이는 다른 분야나 직업과는 차별화된 장점이다. 나는 간혹 예전에 잘 나가는 대기업에 다니던 몇몇 친구들의 근황을 전해 듣곤 한다. 그들 대부분은 퇴직 후 소일거리나 하면서 지낸다고 하니 전업으로 주식투자를 하게 된 나로서는 정말 괜찮은 직업을 가졌다고 생각한다.

정리하자면, 나와 전혀 상관없을 것 같은 사회적 · 경제적 위기가 발생하면 치명적인 일로 다가온다. 위기에 노출되어 어려움을 당하지 말고 평소 위기에 대비한 삶을 살아야 한다. 냉정한 이야기로 들리겠지만, 지금은 각자 알아서 살 길을 찾아야 하는 '각자도생(各自圖生)'의 시대다. 주변에서 나를 도와줄 사람은 자기 자신 말고는 없다. 따라서 스스로 알아서 위기에 대비하고 미래를 준비하며 살아가야 한다. 사람들마다 위기에 대처하는 방법이 다르겠지만, 주식투자야말로 불안한 미래를 대비할 수 있는 효과적인 방법이라고 생각한다. 물론 주식투자는 끊임없는 공부가 뒷받침되어야 하는 일이기는 하다.

"자본주의와 시장경제가 바뀌지 않는 한 주식시장은 계속 열릴 것이다!"

자본주의 체제에서 기업이 위기에 빠졌다는 것은 두 가지 의미로 해석할 수 있다. 하나는 기업이 어려우면 어려운 기업에 소속된 사람들의 생활과 생존이 함께 어렵다는 이야기다. 또 하나는 어려움에 닥쳤을 때에는 누구나 살아남기 위해 고민을 한다는 점이다. 다시 말해 매출이 떨어진 기업은 살아남고자 최선을 다하고 고민하면서 새로운 돌파구를 찾아낸다. 그것이 바로 '혁신'이다. 혁신이나 변화는 위기가 찾아와야 만들어진다. 아이러니하게도 기업 발전, 사회 발전의 원동력이 위기 속에 숨어 있다. 그렇게 세상은 진화해왔다.

개인적인 생각이지만, 앞으로 당분간은 미국 실리콘밸리에 자리한 ICT(Information and Communications Technologies, 정보통신기술) 회사들, 그리고 우리나라의 분당과 판교에 자리한 벤처타운을 주목할 필요가 있을 것 같다. 이들이 앞으로 세상을 이끌어가는 기업이라는 의견에 이견이 없다. 위기는 누구나 피하고 싶은 일이지만 위기가 꼭 나쁜 것만도 아니다. 위기 속에 변화와 혁신이 있기 때문이다. 위기라는 부정 속에서 희망이라는 긍정을 잊지 말자. 새로운 시대는 위기를 넘어서려는 희망 가득한 사람들이 만들어간다.

10

더욱 다양해진 투자대상

사회 변화를 이끌고 유행을 선도하는 거의 모든 기업이 상장되어 있는 주식시장은 항상 신선하다. 신선하다는 말은 투자자 입장에서 볼 때 투자할 곳이 다양화되었다는 의미다. 국내의 경우 해마다 100개 전후의 기업이 새롭게 주식시장에 참여한다. 반대로 실적이 부진하거나 유행에 뒤진 기업은 자의든 타의든 시장에서 물러날 수밖에 없다. 새롭게 주식시장에 상장된 기업들은 이미 시장에 진입한 기존 기업들과 선의의 경쟁을 벌이며 저마다 자신의 가치를 어필하며 투자자를 유혹한다. 투자자의 선택을 받고 싶다면, 구태의연함을 벗고 매출의 성장세, 영업이익의 증가세 등 새로움으로 무장하고 매력을 발산해야 가능한 일이다.

투자자들은 신선한 재료, 오랫동안 유행을 이끌어갈 재료, 어떤 상황에서든 많은 사람이 선택할 수밖에 없는 재료를 좋아한다. 따라서 기업들은 자신이 만들어내는 제품이든, 기업 운영이 되었든 새 아이템 발굴과 혁신을 최우선의 화두로 삼는다. 꾸준한 실적을 보여주어야만 환대를 받는 곳이 주식시장이다. 때때로 주식시장에서 더 이상 투자할 기업이 없다는 말은 다시 생각해야 한다. 실은 항상 새로운 아이디어로 무장한 기업들이 지금도 투자자의 선택을 기다리고 있다.

그리고 언제부턴가 투자자들은 국내뿐 아니라, 해외 주식시장에도 큰 관심을 갖게 되었다. 세계 경제가 따로 노는 게 아닌 한 몸통으로 이루어져 유기적으로 움직이니까 투자자의 눈이 자연스럽게 넓어졌다. 경제 뉴스만 보더라도 빠짐없이 등장하는 소식이 '오늘 새벽 현지 시간 기준 미국의 나스닥·다우 지수 종가' 안내다. 시장의 개장과 마감이 딱 하루 차이 나는 미국 주식시장의 전일 종가가 우리나라 시장에 미치는 영향이 크기 때문에 뉴스로까지 소개하는 것이다. 미국뿐 아니라 일본, 중국을 비롯한 아시아 및 유럽 주요 나라의 증시 현황까지 실시간으로 모니터링 할 수 있는데, 이는 어떤 의미일까? 바로 투자대상의 범위나 선택지가 우리나라를 넘어 세계로 확장되었다는 뜻이다. 그리고 큰 수익을 낼 수 있는 기회 역시 과거와 달리 폭넓어졌다는 의미로 해석해야 한다. 바야흐로 우리는 투자대상이 글로벌화된 시대에 살고 있다.

2020년 2~3월 코로나 팬데믹으로 전 세계 주가가 크게 떨어지자, 국내에서는 '동학개미'가 주식시장에 새롭게 참여했고, 미국 주식에는 '서학개미'가 대거 참여했다. 이처럼 어떤 사건이 세계 경제와 주식시장에 영향을 미칠 때, 이를 바라보는 주식투자자들의 생각이 비슷해진 점도 우리가 눈여겨볼 만한 현상이다.

° 11 °

ETF 해외주식의 특장점

주식투자자라면 누구나 똑같은 고민을 한다. '어떤 종목을 골라야 수익을 낼 수 있을까?'라는 생각에서 자유로울 수 없다. 이 고민은 주식투자를 처음 시작할 때부터 마지막 손을 놓을 때까지 하루도 빠짐없이 스스로에게 묻는 질문이 된다. 섹터가 아무리 유망하더라도 종목 선정에서 실수하면 아쉬운 수익률만 손에 쥘 뿐이다. 이런 고민을 상당 부분 덜어내는 방법이 있다. 다름 아닌 ETF(Exchange Traded Fund, 상장지수펀드) 투자다.

ETF는 거래소에 상장되어 주식처럼 거래되는 펀드를 말하며, 추종하는 지수의 구성 종목으로 펀드를 만들기 때문에 ETF를 매수하면 지수 구성 종목 전체를 매수하는 것과 동일한 효과를 기대할 수 있다. ETF는 실시간 거래하는 일반 주식의 장점뿐 아니라, 여러 종목에 분산하여 투자하는 펀드의 장점도 갖추고 있다(표 1. 2 참조).

〈표 1. 2〉에서 소개한 ETF의 특장점 외에도 우리가 이 상품에 매력을 느낄 만한 부분들이 몇 가지 더 있다. 즉 유동성 공급자(LP:

〈표 1. 2〉 ETF의 특성과 장점

① 상장된 일반 주식 상품으로서의 특징	② 펀드로서의 특징
– 주식매매와 동일한 방법으로 시간 및 가격 선택이 가능하다(시간 거래). – 신용거래와 공매도 역시 주식과 동일한 방식이다.	– 펀드처럼 매일 기준 가격을 산정한다. 특히 장중에는 실시간 가격(iNAV)이 제공되어 거래 시 참고할 수 있다(기준 가격). – ETF는 10종목 이상의 자산으로 구성된다. 따라서 ETF를 매수하는 것만으로 분산 투자 효과를 기대할 수 있다.
③ 변화된 펀드로서의 특징	④ 높은 투명성
– 판매사를 통한 설정/환매 불가 : 증권매매계좌를 통한 매매만 가능하다. – 분배금(배당금)을 수익자(투자자)에게 지급한다.	– 자산구성 내역(PDF : Portifolio Deposit File) 일일 공시. – 투자성과가 명확함 : 추적하는 기초지수의 성과가 ETF 1주당 가격에 반영된다. 따라서 시장 전체나 특정 업종의 성과가 곧 투자성과라고 할 수 있다. 또한 펀드매니저의 실수나 개별 종목이 가진 위험으로부터 상대적으로 영향을 적게 받아 시장 성과에서 소외되지 않는다.

Liquidity Provider)라는 제도를 통한 유동성 보강과 주식, 채권, 상품(비금속, 콩, 원유, 금, 은 등), 외환, 헤지펀드 등 ETF의 기초자산이 모든 금융상품이라고 할 만큼 상품이 다양하다.

그리고 잘 알려진 바처럼 투자 자산에 따라 ETF 종류도 여러 가지인데, ETF는 기본적인 시장지수 코스피 ETF와 코스닥 ETF에서부터 섹터 투자까지 다양한 주식형 ETF가 있다. 그리고 주식형 ETF 외에도 해외주식, 통화, 채권, 부동산, 원자재 등에 투자하는 ETF 등 다양한 기초자산으로 구성된 ETF가 있어 투자자 입장에서는 선택의 폭이 넓다.

그 밖에도 ETF의 장점으로는 ① 저비용으로 투자할 수 있다는 점(운용 보수가 낮고 불필요한 매매가 없어 수수료가 절약됨), ② 상승장과 하락장(인버스 ETF는 하락장에서 수익이 나도록 설계됨. 예 : 코스피 200 인버스 ETF) 양방향 투자가 가능한 점, ③ 레버리지 효과(ETF만으로 추종하는 지수에 레버리지 효과를 누림. 예 : 코스피/코스닥 레버리지 ETF, KOSEF 국고채 10년 레버리지, KINDEX 일본 TOPIX 레버리지, TIGER 미국S&P 500 레버리지 등)를 누릴 수 있다는 점 등으로 요약할 수 있다.

📊 레버리지 ETF의 진실

레버리지 ETF란 기초지수(예: 코스피200)의 일간 변동률에 양의 배수(2배)로 연동하여 운용되는 ETF다. 예컨대 TIGER 레버리지(123320) 코스피200 지수의 일별 수익률의 2배수 수익률을 추구한다. 여기서 중요한 건 일별 수익률의 2배를 추구한다는 점이다. 만약 오늘 코스피가 1% 상승하면 레버리지 ETF는 2% 상승, 거꾸로 코스피가 1% 하락하면 레버리지 ETF는 2% 하락한다. 참고로 KODEX 200선물인버스2X(일명, 곱버스)는 코스피200 선물지수의 일별 수익률을 마이너스 2배수로 추적하는 ETF다. 여기서도 중요한 점은 코스피200 선물지수의 일별 수익률의 마이너스의 2배수라는 점이다.

결론: 코스피지수는 2000으로 시작해 하락 후 다시 2000을 회복
했더라도 레버리지는 2000을 회복하지 못한 1983이 된다. 지수는
2000을 회복한 반면, 레버리지 ETF는 원금 손실이 발생한다. 이
런 결과가 나오는 이유는 일별 수익률의 2배를 추종하기 때문이다.
이는 상승 예상과 달리 하락 시 2배 손해율을 보이기 때문에 그 이
상 올라야 본전이 되는 것과 같다. 따라서 레버리지 ETF는 장기투
자를 할 경우 손해 볼 확률이 높기 때문에 적합하지 않다. 이는 '곱
버스'도 마찬가지다.

여러 장점을 갖춘 ETF 투자일지라도 우리가 반드시 주의해야 할 내
용도 있다. ① ETF 단기 거래 시 비용이 늘어난다는 점이다. ETF 역
시 일반 주식 거래와 마찬가지로 너무 잦은 단기 거래를 할 경우 위
탁수수료가 늘어난다. 따라서 ETF에 투자할 때에는 자신의 투자 패
턴과 전략을 검토한 후 임해야 한다. ② 신용 위험도 주의가 필요하
다. 기본적으로 ETF에는 최소 10개 이상 주식이 분산 편입되기 때문
에 우리가 주식이나 채권에 투자하는 것과 비교하면 신용 위험이 적
은 편이다. 그렇지만 위험이 완전히 제거된 것은 아니다. 만약 ETF
가 보유한 종목구성 주식의 기업이 상장폐지 되면 펀드의 일부 자산
은 환매가 불가능하다는 점도 참고로 알아두면 좋다.

미국의 주요 ETF 상품들

여기에서는 미국의 다양한 ETF 상품을 간략히 정리, 소개한다. 미국의 경우 세계 최고 수준의 자본주의 시장을 갖춘 나라라는 이름에 걸맞은 주식 관련 여러 가지 상품이 출시되어 있다. ETF만 해도 S&P500 지수, 다우지수, 나스닥지수 등을 추종하는 상품이 여러 개다.

첫째, 미국 S&P500 지수를 추종하는 ETF부터 살펴보도록 하자.

① SPDR S&P500(SPY): 세계에서 세 번째 규모의 자산운용사 State Street Global Advisors가 운용한다. 1993년 1월 22일 상장되었고 운용수수료는 0.09% 수준이다. 가장 규모가 크고 가장 오래된 ETF다(운용 규모 약 359조 원 / $313B).

② iShares Core S&P500 ETF(IVV): 2000년 5월 상장되었으며 운용수수료는 0.03%다. 세계 최대 자산운용사 블랙록

(BlackRock)이 운용한다(운용 규모 약 246조 원 / $214B).

③ Vanguard S&P500 ETF(VOO): 2010년 9월에 상장되었으며 운용수수료는 0.03%. 세계에서 두 번째로 큰 자산운용사 뱅가드(Vanguard)가 운용한다(운용 규모 약 187조 원 / $163B)

둘째, 미국 다우지수를 추종하는 ETF는 아래와 같다.

① SPDR Dow Jones Industrial Average ETF Trust(DIA): 다우존스 30지수에 투자하는 ETF.
② iShares Dow Jones U.S. ETF(IYY)

셋째, 미국 나스닥지수를 추종하는 ETF는 아래와 같다.

① Invesco QQQ Trust(QQQ): 나스닥의 금융주를 제외한 상위 100개 기업에 시가총액 비중으로 편입한 ETF.
② First Trust NASDAQ-100 Technology Sector Index Fund(QTEC): 나스닥 상위 100개 기업 중 기술 관련 기업만을 대상으로 동일 비중으로 편입한 ETF.

참고로, '러셀(Russell)2000 지수'를 기초자산으로 미국 중소형주에 투자하는 iShares Russell 2000 ETF(IWM)도 있다. '러셀2000 지수'

란 미국 중소형주의 시세를 반영하는 지수를 말한다. 미국시장에 상장된 약 3,000개 기업의 등수를 매긴 다음 시장가치가 낮은 2,000개를 선별하여 이들 기업의 주가지수를 시가총액 방식으로 계산한 것이다. 만약 여러분이 해외 상품에 관심이 있다면 방금 소개한 ETF 상품들을 눈여겨보기 바란다.

◦ 13 ◦

평범한 일상 속의 주식투자

주식시장의 전반적인 분위기와 전망을 소개하는 방송이나 강연회에 가면 청중들로부터 자주 듣는 질문이 있다. 내가 많은 투자자들로부터 1년에도 수십 번씩 듣는 질문이기도 하다.

어떤 주식에 투자해야 좋을까요?
앞으로 전망이 밝은 분야는 무엇인가요?

나의 답은 그때그때 다르다. 인기를 끄는 분야의 주식일지라도 영원히 매력적일 수는 없다. 기다리다 보면 투자하고 싶은 기업이 수시로 나타난다. 뿐만 아니라 예기치 못한 이슈, 사건이 언제 어디서 발생하여 시장에 긍정적 또는 부정적인 영향을 줄지 누구도 알 수 없다. 최근의 코로나19 사태를 참고할 수 있다.

전대미문의 코로나 시대에서는 배달, 온라인 수업, 진단키트 등을 비롯하여 비대면 관련주가 상대적으로 큰 폭의 상승세를 보여주었다. 코로나 시대의 대표적인 수혜주 '씨젠'의 사례를 참고하면 좋을 것 같다.

📊 진단키트로 평생 벌 돈을 모두 번 씨젠

세계가 코로나19 팬데믹으로 우왕좌왕할 때, 씨젠은 인공지능(AI) 기반의 빅데이터 시스템을 이용하여 진단키트를 개발했다. 그리고 진단키트를 통해 질병 발발 초기 3개월 동안 감염 위험에 노출된 30만 명을 진단함으로써 '대한민국 방역의 일등공신'이라는 말을 듣게 되었다. 이 소식이 주변 국가로 퍼져 전 세계 방역에도 많은 기여를 했다. WHO는 '한국을 코로나19 대응 모범 사례국'으로 지목할 만큼 우리나라의 위상을 높이는 데 씨젠의 진단키트가 큰 역할을 했다. 그 결과 씨젠의 매출은 상상을 넘어서는 상승세를 기록했다. 2020년 1분기 기준 매출액 818억 원, 영업이익 398억 원, 순이익 337억 원 달성했으며, 2분기에는 매출액 2,748억 원, 영업이익 1,690억 원, 당기순이익 1,316억 원을 기록했다. 이런 분위기가 3분기에도 계속 이어져 매출액 3,269억 원(전년 대비 941% 상승), 영업이익 2,099억 원(전년 대비 2,967% 상승), 당기순이익 1,525억 원(전년 대비 2,486% 상승)을 달성이라는 경이로운 상승세를 기록했다. 사상 최대의 실적을 기록한 씨젠의 주가는 코로나19 발생 이전만 해도 3만 원대에 머물러 있었다.

〈그림 4〉 씨젠의 주가 변화

씨젠의 주가는 2020년 8월 10일 최고 322,200원까지 상승하며 2020년 국내 증시에서 가장 뜨거운 종목으로 투자자들의 주목을 한몸에 받았다. 그러나 주식의 속성상 늘 상승만 하는 건 아니다. 진단키트 매출이 무한정 이어질 수는 없다. 세계 각국에서 개발 중인 코로나 치료제가 가시화되면서, 코로나 리스크가 언젠가는 사라질 테고 씨젠의 주가도 크게 하락할 가능성이 높다. 씨젠의 실적을 만들어준 진단키트의 수요가 점점 줄어들 것이란 점은 누구나 예측할 수 있다. 그런데 바로 이런 상황이 주가에 반영된다. 참고용 그림에서 보듯 씨젠의 주가는 최고점을 찍고 횡보한 후 3분기 실적을 발표한 날을 기준으로 하락하기 시작했다. 그리고 모더나와 화이자의 백신 임상 성공 소식이 전해지면서 하락을 이어가는 모습을 보여주었다.

시대적 트렌드를 업은 기업은 큰 수익이 나지만, 그 분위기가 영원히 지속될 수는 없다. 씨젠의 사례는 주식세계에서 늘 있는 일이다. 실적과 긍정적인 전망, 그리고 기대감이 반영되어 주가가 크게 오르다가도 점차 현실을 자각하면서 주가 하락을 보여준다. 주식투자자에게 있어 수익은 실현을 해야 내 것이 된다. 과한 기대감에 휩쓸리지 말고 현실을 냉정히 판단하면서 수익을 실현해야 성공적인 투자자로 남는다.

시대 상황을 반영한 주식이라는 의미는 '우리 생활 속에서 사회 흐름과 분위기가 변해 수요가 많아졌다'는 뜻이다. 따라서 주식투자자라면 실생활과 밀접한 기업들의 주식을 주목하자.

어떤 이슈나 사건이 발생했을 때 그와 깊은 연관성이 있는 기업의 상품이 잘 팔릴지, 반대로 매출이 떨어질지를 예측하는 것이다. 3년 전에 쓴 책에서도 소개했듯이 투자자라면 남다른 관찰력이 필요하다. 그리고 간혹 뉴스를 보면 기업을 경영하는 오너의 도덕적 해이(모럴해저드)가 기사화되어 국민들의 공분을 사기도 하는데, 이 경우 주가에 부정적인 영향을 미친다. 그 기업이 만드는 상품에 하자가 없더라도, 투자자들은 경영자의 도덕적 문제를 리스크로 여겨 보유하고 있던 주식을 매도한다.

주식투자는 매우 단순하지만 한편으로는 어려운 일이기도 하다. 오를 것 같은 종목을 싸게 매수했다가 적당히 올랐다고 생각하는 지점에서 매도하여 수익을 내는 것이 주식투자의 본질이다. 그런데 매수 매도 판단이 쉽지 않다. 앞으로 오를 만한 종목이 어떤 것일지 가늠하는 방법은 우리가 살아가는 일상 속에서 찾아보는 일이라고 하겠다. 따라서 매시간 뉴스에 소개되는 세상 이야기가 모두 나의 수익으로 연결될 수 있다는 생각을 가져야 한다.

혹자는 이미 뉴스에 반영된 이야기가 더 이상 주식시장에 좋은 정보가 아니라고 말하지만, 오픈된 정보를 이용하여 얼마든지 주식투자에서 수익을 낼 수 있다.[3] 투자자 여러분의 생각보다 훨씬 투명하고 공정한 시장이 주식시장이다. 비이성적인 탐욕을 접고 합리적으로 접근하면 주식투자로 손실을 볼 일이 거의 없다고 생각한다. 주변을 살피고, 상상력을 더하여 판단해보자. 물론 매번 100% 성공할 수는 없겠지만, 성공의 확률을 높이려면 자신만의 주식투자 노하우와 경험이 축적돼 있어야 한다.

잦은 실패를 경험하는 와중에서도 작은 수익이나마 몇 차례 수익을 낼 수 있었다면, 그 방법을 잘 기억했다가 다시 반복함으로써 투자 성공에 대한 확신을 조금씩 키워나가도록 하자. 우리 일상 속에 돈이 되는 정보가 차고 넘친다는 사실은 내가 20년간 전업투자자로

---

3   이에 대한 보다 자세한 설명은 3장 '정보의 지연반응 효과' 이론을 참고하라.

살며 깨달은 진리 가운데 하나다.

나는 특정 주식을 사라는 말을 가급적이면 삼가려 한다. 시시때때로 답이 달라지기 때문이다. 그 대신 여러분이 반드시 알아야 할 투자자로서의 마음가짐과 심리 등, 이를테면 평소 무엇에 관심을 기울이고 어떤 공부를 해야 하는지를 더 강조하고 싶다. 원칙을 갖고 투자하는 여러분이 될 수 있도록 길잡이 역할을 하고 싶다.

성공한 투자는 결과적으로 잃지 않는 투자다. 손해를 보지 않으려면 각자 나름의 원칙을 갖추고 주식투자 시 실천해야 한다!

14

주식투자의 장점과 매력

오늘날 주식투자를 바라보는 일반 대중의 인식은 과거보다 긍정적이며, 매우 유력한 재테크 수단 중 하나로도 인정한다. 그러나 다른 생각을 가진 사람들도 있다. 그런 사람들은 왠지 주식투자라고 하면 '뜬구름 잡는 이야기', 심지어 '패가망신하는 길'이라는 험한 말을 가져다 붙이는 등 주식투자에 대한 인식이 부정적이다. 그런데 이런 오해는 주식투자에 대한 이해, 즉 주식투자의 장단점을 파악하면 상당 부분 해소될 것으로 생각한다. 그렇다면 여기서 주식투자의 장점 몇 가지를 함께 알아보자.

주주로서의 권리

주식은 '주식회사의 자본을 비율적으로 세분화한 증서'로서 누구나 매매할 수 있다는 장점을 갖는다. 투자자가 기업 경영에 직접 참여하는 건 아니지만 해당 기업의 주식을 갖는 순간 경영자로서의 권리를 갖게 된다.

이중의 수익 구조

투자자는 주식을 보유함으로써 주식 특유의 '이중의 수익 구조'로 수익을 높일 수 있다. 첫 번째는 시세차익 수익이다. 만약 기업의 가치가 높아져 주가가 오르면, 자신이 보유한 주식의 지분만큼 시세차익 효과를 기대할 수 있다. 두 번째는 배당수익이다. 수익이 난 기업은 주식을 갖고 있는 주주들에게 수익의 일부를 되돌려준다. 독자 여러분도 잘 알다시피 은행에 넣어둔 돈에 붙는 이자의 경우, 낮은 금리라는 한계가 있다. 그러나 주식에서는 투자금보다 높은 수익률, 때때로 투자금액 대비 몇 백%의 수익과 함께 배당까지 챙길 수도 있다.

환금성 및 다양한 투자대상

주식투자의 매력이자 장점은 다른 투자방법과 비교했을 때 환금성이 매우 뛰어나다는 점을 꼽을 수 있다. 뿐만 아니라 투자할 수 있는 대상도 매우 다양하다. 성공한 투자자들은 자신이 잘 아는 기업, 평소 관심이 많은 분야 등에 투자함으로써 기대 이상의 큰 수익을 거두기도 한다. 환금성이 좋기 때문에 다른 투자처로 쉽게 옮겨 탈 수 있는 점도 장점이다. 여기서 옮겨 탄다는 말은 투자자가 직접 투자할 곳을 결정할 수 있고, 언제나 쉽고 빠르게 투자처를 옮길 수 있다는 의미라고 생각하면 된다.

앞서도 강조했듯이 주식투자를 하다 보면, 세상이 돌아가는 모습이 눈에 들어온다. 이런 점도 주식투자만의 매력 포인트라고 볼 수 있다. 현재 어떤 이야기가 세상의 중심 스토리를 만들어가는지, 가까운 미래에는 어떤 분야가 새롭게 떠오를지, 어떤 기업의 제품이 세상을 지배할지 등 현재를 진단하고 미래를 예측하는 데 주식투자만큼 좋은 공부가 없다.

15

주식투자 시 유념해야 할 것들

물론, 세상에 흠 없이 완벽한 건 존재하지 않는다. 당연히 주식투자도 몇몇 단점이 있다. 주식투자의 가장 큰 단점으로 지적할 수 있는 것이 주가의 변동성에 따른 '리스크'다. 사실 주식투자에서는 리스크 관리가 수익을 좌우한다고 말해도 지나치지 않다. 리스크 관리에 대한 조언과 정보는 4장에서 조금 더 언급할 예정이다. 아무튼 보수적인 수준의 은행 이자는 안정적인만큼 큰 폭의 오름이나 내림이 없다.

변동성에 따른 리스크 관리

주식은 은행의 예적금과 달리 단 하루 동안 큰 폭의 오름세를 보이기도 하고 거꾸로 예상보다 충격적으로 낮은 가격을 보이기도 한다. 주식투자를 일정기간 해본 분들은 대부분 폭락을 경험했을 것으로 생각한다. 이렇듯 주식은 나름의 특징인 '하이리스크-하이리턴' 구조를 가졌다. 주가가 단시간 내에 폭락할 수 있는 위험 요소가 있다는 점을 기억하고 있자. 이 말은 우리가 리스크에 대비하여 많은 공부가 필요하다는 의미로도 해석할 수 있다.

투자자의 좁은 시야

그리고 대체로 일반 개인투자자들의 공통점 중 하나가 좁은 시야다. 대부분의 개인투자자는 자신이 보고 싶은 것만 본다. 책 첫머리에 '주식시장이 세상의 축소판'이라고 말했듯이 비록 나에게 생소한 분야라 해도 두루두루 살펴야 하는 번거로움이 있다. 하지만 분명한 사실은, 투자자의 시야가 넓을수록 투자 성공의 확률도 높아진다는 점이다. 아는 만큼 수익이 늘어난다.

때때로 나 역시 급하게 욕심만 앞세운 투자를 하는 경우도 있다. 주식시장에서는 모든 진행 상황과 결과가 대부분 논리 정연한 숫자로 나타나는데, 이를 대하는 투자자의 심리가 논리에서 벗어나는 때가 있다. 오버슈팅(Overshooting, 가격의 일시적인 폭등이나 폭락)하는 상승장에서는 과한 욕심이 투자자를 부추기고, 폭락장에서는 공포가 투자자를 덮친다. 탐욕이든 공포든 여기에 휘둘리지 않으려면 반드시 투자자 나름의 투자원칙을 갖고 있어야 한다.

투자 결과에 대한 책임감

한 가지 더 말하고 싶은 것이 있다. 투자자 자신에게 부여하는 책임감이다. 주식으로 수익을 내든 손실이 나든 그 결과는 자기 스스로 책임져야 한다. 간혹 수익을 좀 냈다는 분들의 이야기를 들어보면 자기 실력이 좋아서 그런 결과가 나왔다고 자신만만하다가도, 돈을 좀 잃거나 하면 손해를 본 모든 책임을 시장 탓으로 돌리곤 한다. 이는 바른 투자 자세가 아니다.

📊 슈퍼개미가 20년간 써온 매매일지

나는 전업투자를 시작한 이후 지금까지 주별, 월별, 연별 일지를 계속 써왔다. 메모하고 기록하는 일도 몸에 밴 습관이 된 지 오래다. 일지를 살펴보면 어떤 투자 결정이 옳고 나빴는지가 한눈에 들어온다. 과거의 나를 살펴보면서 스스로에게 책임감을 부여한다. 가령, 지난 일지 속에는 고민했던 흔적, 큰 수익으로 좋았던 기억, 단기매매에서 큰 손실로 아쉬워한 순간 등이 모두 적혀 있다. 일지를 들여다보며 나의 매매습관과 패턴, 선호하는 주식 분야 등을 다시금 되돌아보는 것이다. 어쨌거나 전업투자자는 외로운 자신과의 싸움에 놓인 투사다. 우리는 주식투자 시 마주하는 수많은 어려움을 딛고 자신을 이겨내야 하는 지적 금융전사이기도 하다.

2장

평생 부자로 사는
주식투자

'경제적 독립'은 모든 사람들의 희망사항입니다. 저자도 젊은 시절부터 경제적 독립을 꿈꾸었고, 주식투자라는 방법으로 자신의 꿈을 실현해냈습니다. 모두가 경제적 독립을 원하지만, 준비가 안 된 상태에서는 경제적 독립이 꿈으로만 그칠 수도 있습니다. 2장에서는 책의 제목처럼 '평생 부자로 사는 주식투자' 이야기가 펼쳐집니다. 혹시 자신이 그동안 금융문맹이 아니었는지, 남들이 정해둔 가치주나 우량주의 기준에 너무 집착했는지를 되돌아보게 만듭니다. '남석관의 증시 사계론'이나 '주식투자 필살기, 투자전략 갖추기'도 눈길을 끕니다.

경제적 독립을 만들어준 주식투자

나는 가끔씩 유년기와 청소년기 시절을 뒤돌아볼 때가 있다. 서울 태생이지만 경제적으로 어려웠던 우리 가족은 꿈과 희망을 품고 어려운 시절을 버텨냈다. 물론 그 당시엔 몇몇 사람만 제외하곤 대부분 가난한 삶, 경제적으로 여의치 않은 삶을 살면서도 이를 당연한 일이라고 여겼다. 어린 나였지만 나는 그때부터 돈과 경제에 대한 관심이 좀 많았던 것 같다. 막연하게나마 훗날 꼭 성공해서 경제적으로 궁핍하지 않은 경제적 독립을 이룬 삶을 살겠다고 생각했다.

대부분의 사람들이 가난을 숙명처럼 당연하게 여기는 와중에도 나는 경제적 자유와 독립을 꿈꾸었다. 돈이 너무 많은 사람은 대체로 돈에 대한 욕심과 목표에서 자유로울 수 없다. 반대로 돈이 너무 없으면 궁색해져 소소한 자유조차 꿈꿀 수 없다. 사람들은 돈이 자신의 생존 문제에 직접적인 영향을 주는 존재라고 생각한다. 그래서 대부분의 사람들이 돈 문제 앞에서만큼은 예민하고 즉각적인 반응을 보이기도 한다. 나는 지금까지 살아오면서 깨달은 돈에 대한 지론이 있는데, 한마디로 정리하면 아래와 같다.

'돈 앞에서 자유로운 사람은 거의 없다!'

간혹 뉴스를 통해 대학 교육까지 마친 성인이지만 부모 신세를 지며 독립하지 못한 젊은이들의 비율이 날로 높아지고 있다는 이야기를 종종 듣는다. 그들은 일명 캥거루족이라고 불린다는데, 이런 이슈가 사회적 문제가 될 것처럼 보였는지 요즘 '경제적 독립'이라는 말이 사람들 입에 자주 오르내린다. 결국 세대를 불문하고 돈이 문제다. 그렇다면 경제적 독립이란 어떤 의미일까? 이를 살펴보기에 앞서 최근에 읽은 책 한 권에 대한 느낌을 간추려 소개하는 것도 의미가 있을 듯하다.

얼마 전 《돈의 속성》[4] 이라는 책을 인상 깊게 읽었다. 이 책의 저자는 돈을 물질로만 여기고 쫓으려고만 하는 사람들에게 도움이 될 만한 이야기를 부자인 자신의 경험에 비추어 담담히 들려주며 깊은 인상을 남겼다. 빈주먹에서 시작해 큰 부를 일구었다고 알려진 저자의 돈 철학은 평소 내가 생각한 것과 많은 부분에서 뜻을 같이 했다. 책만 읽었을 뿐인데, 저자가 어떤 분일지 대략 알 수 있을 것 같다. 큰

4　《돈의 속성》(김승호 저, 스노우폭스, 2020년) 이 책은 돈이 가진 5가지 속성('돈은 인격체', '규칙적인 수입의 힘', '돈의 성품', '돈의 집중력', '남의 돈에 대한 태도', '돈의 중력성')과 부자가 되기 위한 4가지 능력(벌고, 모으고, 유지하고, 쓰는)에 대해 소개한다.

부를 일구어 성공한 사람들은 돈에 대한 생각이 일부분 엇비슷한 듯하다. 돈에 대한 관심이 크다면 한번 읽어볼 만한 책이라고 생각한다. 다시 본론으로 돌아가서, 우리가 제어할 수 없을 정도로 많은 돈을 번다는 건 현실적으로 불가능한 이야기일 수도 있다. 그러나 '남에게 손 벌리지 않고 작은 여유를 누리며 살 만큼의 돈'은 벌 수 있어야 한다. 그것이 진정한 경제적 독립이다. 사회생활을 하다 보면 생존과 직결된 돈에 얽매여 자유를 돈에 빼앗긴 사람들이 가끔씩 있다. 국회에서 열리는 고위공직자의 인사청문회를 보더라도 사익과 공익이 충돌할 때 사익을 추구하는 삶을 살아온 사람이 압도적으로 많은 것을 볼 수 있다. 돈이 자신의 이익과 밀접한 관련이 있기 때문에 숨기고자 했던 본능이 자신도 모르게 튀어나오는 것이다.

경제적 독립을 이룬다는 건 선택할 수 있는 자유의 폭을 넓히고, 안락함과 품위 있는 삶을 살기 위한 초석 다지는 일과 같다. 다시 한번 소개하고 강조할 수밖에 없지만, 나는 주식투자라는 선택을 통해 경제적 독립을 이루었다. 그리고 돈으로부터 속박 받지 않는 자유를 누리며 산다. 주식투자라는 결정은 직장인 월급이었다면 꿈도 꾸지 못할 경제적 독립과 삶의 여유를 나에게 제공했다. 내가 주식투자를 하는 날 동안에는 아마도 계속 그럴 것이다. 현실적으로 월급으로는 부자가 될 수 없다. 편견을 버리고 주식투자 시장을 바라보자. 그 안에 부(富)의 기회가 있다.

금융문맹으로 살아가는 사람들

미국 연방준비제도이사회(FRB: Federal Reserve Board) 의장을 역임한 앨런 그린스펀(Alan Greenspan)이 남긴 의미심장한 말이 있다. 세상에 널리 퍼져 꽤 유명한 말이기도 하다.

'문맹은 생활을 불편하게 만들지만, 금융문맹은 생존을 위협한다.'

지금처럼 문명화·선진화된 사회에서 글도 모르는 문맹의 삶을 산다는 건 상상할 수 없는 일이다. 살면서 느끼는 불편함이 한두 가지에 그치지 않을 것이다. 하물며 앨런 그린스펀은 문맹보다 더 위험한 삶이 금융문맹이라고 하니까, 우리에게 시사하는 바가 크다. 우리나라의 낮은 문맹 비율은 세계 최상위 수준이다. 양질의 교육을 받은 상당수 젊은이가 모국어뿐 아니라 한두 가지 외국어를 구사하는 능력자들이다.

젊은 시절 열정을 바쳐 일한 후 은퇴한 분들도 이런저런 자기계발에 많은 신경을 쓴다. 세계 최고의 교육 수준 인프라가 갖추어진 대한민국에서 글 모르는 사람은 거의 없다고 봐야 한다. 그렇다면 금융문맹의 비율은 얼마나 될까?

주위를 둘러보면 똑똑한 사람들이 참 많다. 저마다 자신의 위치나 전공 분야에서 최고가 되고자 노력한다. 똑똑한 자신을 더 발전시키려는 자기계발 붐도 남녀노소의 경계를 넘어 날로 넓어지고 있다. 그러나 정작 우리 삶에 막대한 영향을 미치는 경제나 금융 관련 지식에 대해서는 교양 수준일지언정 기초를 아는 사람이 생각보다 드물다. 오랜 시간 우리가 문맹률을 낮추기 위해 투자해온 것과 비교하면, 금융문맹 퇴치를 위하여 기울인 노력은 거의 없다고 봐야 할 정도다. 더구나 앞뒤 안 맞는 이야기는 누구나 안정적으로 많은 돈을 벌기를 원하지만, 안정적인 수입을 거두는 데 필요한 금융교육에 대부분 관심이 없다.

사람들이 현재 만들어놓은 정치경제 시스템은 자본주의다. 우리가 원했든 아니든 자본주의 체제에서 돈이 차지하는 비중을 무시할 수는 없다. 그린스펀 의장의 이야기를 조금 과장하자면, 금융문맹으로 살아가는 현대인의 삶은 최악이다. 주식을 모르는 사람이라면 그럴 수도 있겠다 싶지만, 주식투자자 중에서도 금융문맹이 더러 있다. 주식시장에 영향을 주는 금리나 환율, 또는 민감한 금융정책의 여파 등을 말하는 것이 아니다. 놀랍게도 그들은 자기가 어떤 주식에 얼마나 투자했는지조차 모르고 있거나, 펀드에 들어간 자금의 수익률 계산에도 무관심하다. 주변의 어떤 지인은 펀드에 돈을 넣은 후 잊고 지내다가 마이너스 40% 손실을 보고 정리했다고 속상해한다. 일부이긴 하지만 어떤 분들은 자신의 돈이 어디에 얼마나 있는지조차 모른다고 하는데, 이런 사례들은 금융문맹 축에도 못 드는 돈 관리의 허술함이라고 할 만한 이야기다.

말이 나온 김에 하나 더 소개하자면, 펀드에 관심이 있어 가입하려는 사람이 펀드 구성이나 운영, 손실 여부 등의 내용조차 모르는 펀드 판매자의 말만 믿고 덜컥 상품에 가입하는 일도 흔하다. 펀드를 잘 모르는 구매자와 판매자가 만나 펀드를 두고 왈가왈부하는 웃지 못할 상황이 벌어진다. 펀드 판매자는 고객의 생각을 우선순위에 두지 않는다. 금융문맹의 안타까운 사례를 펀드 매매로 비유했지만, 이런 일은 돈이 몰리는 여러 곳에서 흔히 볼 수 있는 모습이다. 돈을 맡기는 사람이 돈에 별로 관심을 보이지 않으니까, 이를 노리는 금융 사고가 종종 발생하기도 한다.

지금은 파이낸스(Finance) 시대다. 이런 시대에서는 주식투자의 비중이 높다. 따라서 투자자라면 경제와 금융 공부에 게으르거나 이를 외면해서는 안 된다. 경제와 금융 공부는 더 이상 해당 전문가만 알아야 하는 지식의 전유물이 아니다. 파이낸스 시대를 살아가는 우리 모두가 반드시 알아야 할 필수 생존 지식이다.

금융문맹에서 벗어나자. 그래야 자산을 지키고 손해 안 보는 똑똑한 삶을 영위할 수 있다. 지금은 아는 만큼 벌고, 모르는 만큼 잃는 세상이다. 지금이라도 당장 경제, 금융 공부를 시작해야 하는 이유가 여기에 있다.

부자가 되기 위한 꿈 갖기

성공의 기준을 자산이나 돈의 많고 적음으로 따지려고 한다면 수준이 낮은 생각일 수 있겠지만, 사실 자산이나 돈의 크기가 사람의 성공을 가늠하는 중요한 기준이 되는 경우가 제법 많다. 그래서 사람들은 '아무개가 얼마를 벌었네, 1년 수입이 얼마네, 사는 형편이 폈네' 등의 표현으로 누군가의 성공을 에둘러 말하기도 한다. 저런 표현의 중심이자 공통점이 자산이고 돈이다. 그러니까 사람들의 인식 속에는 '성공이 곧 돈'이라는 공식이 자연스럽게 각인되어 있다고 볼 수 있다. 그런데 성공한 사람들이 공통적으로 강조하는 말이 있다. 아마 여러분이 수도 없이 들어본 이야기일 것이다.

'꿈의 크기가 커야 현실에서 그 꿈이 이루어질 확률도 높다.'

나 역시 젊은 시절부터 훗날 꼭 성공하여 부자가 되기를 원했다. 전업투자자의 길로 들어선 후, 주식투자 경험이라는 토대와 운도 좀 따라주어 생각보다 더 큰 자산을 일구어낼 수 있었다. 그러나 처음부터 많은 돈을 벌겠다고 생각했던 건 절대 아니며, 돈에 대한 집착이나 욕심이 컸던 것도 아니다. 스스로의 존엄성과 자아를 지키며 사는 정도의 소소한 부자가 되기를 꿈꾸었다. 그것이 내가 상상한 부자의 개념이었다.

소소한 부자라고 말하니 모호할 수 있겠다 싶어 조금 구체적인 액수로 밝히자면, 아내에게 줄 한 달 생활비와 아이들의 교육비를 떼놓고 남는 돈, 남의 눈치 안 보고 언제 어디서든 내가 여유롭게 쓸 수 있는 돈, 20년 전 기준으로 300~500만 원이었다. 지금도 누군가를 만나 지난 시절의 대화를 나눌 때면 과거 내가 소소하게 꿈꾼 300만 원 이야기를 들려주곤 한다.

📊 현금인출기 에피소드

20여 년 전, 월 300~500만 원 정도 경제적 여유가 생긴다면 내가 꼭 해보고 싶은 일이 하나 있었다. 조금은 상징적인 이야기이고 상상이지만, 집이나 개인 사무실에 현금인출기를 설치하고 필요할 때마다 돈을 인출하는 모습을 그려보았다. 더도 덜도 말고 딱 그만큼의 여유가 내 삶에서 실현되기를 진심으로 바랐다. '여윳돈 300~500만 원 갖기'라는 희망이 꺼지지 않는 불씨가 되어 주식투자 시 매매 판단에도 영향력을 미쳤다. 매사에 신중할 수밖에 없었고, 확인하고 또 확인해야 했으며, 설령 주가가 크게 떨어져 심리를 흔들 때마다 현금인출기 갖기라는 꿈이 마음을 다잡는 용기가 되어주었다.

비록 작고 소소한 꿈일지언정, 투자자라면 마음속에 '구체적인 희망 하나쯤 갖고 살아도 도움이 되지 않을까?'라고 생각한다. 크든 작든 꿈을 갖고 사는 일은 중요하다. 꿈을 꾸면 행복해지니까 그렇고, 또 꿈을 현실로 만들기 위하여 치열한 삶을 살도록 행동으로 이끌어주니까 그렇다. 과거 젊은 시절의 소소한 나의 꿈은 월 300~500만 원 수준의 경제적 여유를 갖는 일이었다.

현금인출기라는 말을 적고 보니 하나 더 말하고 싶은 게 있다. 여러분도 한 번쯤 들어보았을 씁쓸한 이야기다. 언제부턴가 이른바 큰손으로 불리는 외국인들은 대한민국 주식시장을 현금인출기로 여긴다고 알려져 있다. 타고난 주식 장사꾼들인 그들은 우리나라가 자본시장을 개방하자 단기간에 이익을 추구하는 세력으로 등장했고 우량한 대기업의 큰손의 주주가 되어 막강한 영향력을 행사해왔다. 그들은 물적, 인적 인프라를 구축해 자기들 입맛에 맞는 상황을 만드는 데 능란하다. 또 법적으로 허용된 범위 안에서 시장을 이리저리 흔들기도 잘한다.

일반 투자자인 개미들이 외국인의 먹잇감이 되는 일이 흔하다. 따라서 견실하고 우량한 대기업의 주가가 이유도 없이 가파르게 오르거나 내릴 경우, 외국인 큰손의 움직임을 유심히 살펴야 한다. 그들이 유도하는 숫자 놀음에 흔들리지 않으려면 평소 주식에 대한 관심과 공부로 무장하고 있어야 한다. 제 아무리 대기업일지라도 단기 이익을 노리며 들어온 외국인 큰손들의 요구를 따를 수밖에 없는 게 현실이다. 그들은 시의 적절한 타이밍을 노려 주식을 매수했다가 개인들이 따라오면 내다 팔고, 이후 내려가는 주가 때문에 공포에 사로잡힌 개미들이 주식을 던지면 다시 되산다.

코로나19 발발 후 얼마 지나지 않아 WHO에서 팬데믹을 선언했을 때만 해도 그렇다. 당시 외국인들은 달러를 챙기기 위해 많은 물량을 시장에 내던졌고, 그들이 내던진 주식을 일명 '동학개미'라고 불린 우리나라 투자자가 모두 받아주었다. 쓸쓸한 이야기지만 외국인 투자자들이 한국 주식시장을 현금인출기로 여길 만도 하다.

큰 성공을 이룬 분들이 공통적으로 강조하듯 '꿈의 크기가 커야 현실 가능성이 높아진다'는 말에 나도 동감한다. 그러나 꿈의 크기가 조금 작더라도 우리가 더욱 중요하게 생각해야 할 것은 자신의 꿈에 다가가기 위한 행동, 실천이라고 생각한다. 나는 소소한 부자가 되고자 부단히 노력하고 실천했다. 그리고 세상의 이치를 하나씩 깨달을수록 그것이 수익으로 연결된다는 사실을 알았기에 틈틈이 공부도 했다. 공부가 자산을 늘리고 지켜주는 일이었기에 늘 재미있을 수밖에 없었다.

04

꿈을 이루는 힘, 원칙의 실천

주식시장은 내가 상상했던 소소한 꿈, 필요할 때마다 돈이 되어주는 현금인출기 역할을 해주었다. 나는 지금까지 살면서 필요한 거의 모든 돈을 주식투자로 벌었다. 나뿐만 아니라, 이 책을 읽는 여러분도 주식시장이 여러분의 현금인출기가 충분히 되어줄 수 있을 거라고 생각한다. 공연히 헛된 꿈을 심어주려는 과장된 말이 아니다. 다만 조건이 있다. 이 시장에서 승자가 되려면 시장을 잘 알아야 한다. 어떤 기업이 유망한지, 현재 유행을 선도하는 트렌드가 무엇인지, 누가 세상을 이끌어갈 것이며, 정부의 정책이 어느 곳에 초점을 두는지, 금융 선진국의 분위기가 어떤지 등의 정보를 꿰차고, 알아야 한다. 이런 정보를 모른 채 주식투자에 나서면 합리적·주관적인 투자가 불가능하다. 이 역시 오랜 투자 경험으로 깨닫게 된 일이다. 그래서 나는 지금도 세상 돌아가는 뉴스와 정보에 눈과 귀를 기울인다. 과연 세상에 공짜가 없다는 말을 실감한다.

하늘에서 저절로 떨어지는 감은 없다. 감을 따려면 감나무를 오르

거나 적어도 감을 따기 위한 장비 정도는 준비해야 함은 당연한 이
야기다. 감을 따기 위해 어떻게든 몸을 움직이는 것이 실행이다. 주
식시장에서 살아남아 수익을 내기 위한 실천 중 하나가 공부다.

내 이름이 시장에서 어느 정도 알려진 이후(정확히 말하자면, 전업투자로
나선 지 10년쯤 되었을 무렵), 나는 이곳저곳의 출연 요청에 따라 주식투
자 강의를 하고 있다. 그렇게 시작한 강의 경력이 어느새 10년을 넘
어서고 있다. 나에 대한 소문은 말보다 빨라 강연장에 모인 사람들의
눈빛은 부러움으로 가득 차 있음을 느낀다. 내 강의를 자평하자면,
숨김없는 진솔함이라고 생각하는데, 괜히 없는 말을 만들어 청중들
을 현혹시키거나 과장된 이야기로 나를 포장하지 않는다. 있는 그대
로 내가 느낀 바를, 도움이 될 만한 이야기를, 참여자들과 공유할 뿐
이다.

　강의를 마친 후 사람들의 반응을 살펴보면 주로 두 가지다. 어떤
분들은 내 이야기를 듣고 '그렇게 다 가르쳐 주면 어떻게 하느냐?'고
걱정한다. 또 다른 분들은 '강연 내용이 누구나 알고 있는 이야기'라
며 실망 가득한 표정을 짓기도 한다. 두 가지 반응이 서로 다르지만,
핵심은 한 가지다. 다름 아닌 '실천의 여부'다.

　전자의 반응을 보이는 사람들은 대부분 주식에 처음 입문한 분들
의 이야기다. 그리고 후자의 반응을 보인 사람들은 대부분 전문가라
고 자처하는 분들이다. 전자의 반응에 대해 말하자면, 나의 오랜 투

자 노하우와 경험을 공유했어도 이를 자신의 주식투자에 실천하는 사람을 거의 만나보지 못했다. 그러니 아낌없이 알려주어도 크게 걱정이 안 된다.

그리고 후자의 반응을 보이는 분들에게 말하자면, 내가 아는 방법과 여러분이 아는 방법이 결국 같은데, 나는 오랜 시간 여러분이 아는 그 방법으로 꾸준히 큰 수익을 거두었고 여러분은 그러지 못했다. 수익이 난 결과를 보고 평가하자면, 누구에게 잘못이 있을까? 국내 유명 증권회사에 20~30년씩 근무를 해도 수익이 나지 않는 분들은 다 이유가 있다. 지식의 문제가 아닌 실천이 뒤따르지 않기 때문이다. 잘못된 투자습관, 타성, 고정관념에 빠져 있기 때문이기도 하다. 그런 전문가를 무척 많이 만나보았다. 건전한 투자가 아닌, 혹 부질없는 욕심으로 행한 매매가 아니었는지를 되돌아보아야 한다.

사람 됨됨이가 어린 시절의 가정교육에서 시작되고, 빼어난 기량을 가진 세계적인 운동선수나 예술가도 조기 교육으로 만들어지듯이 주식투자 교육도 처음 시작부터 제대로 잘 배워야 한다. 처음 몸에 밴 투자습관은 고치기가 어렵다. '세 살 버릇이 여든까지 간다'는 속담을 주식투자에도 적용할 수 있다. 큰 틀에서 올바른 투자법을 간략히 정리하면, 각자 나름의 주식투자 원칙을 지키는 것이 중요하다.

주식투자에서는 하나의 정답만 있는 게 아니다. 수익이 나는 모든 방법이 정답이다. 만약 자신이 어찌어찌 하여 수익이 났다면, 그 방법을 잘 기억했다가 자신의 투자원칙으로 삼으면 된다. 그리고 수익을 가져다 준 그 방법을 반복해서 실행하면 된다.

평생 부자로 사는 투자자가 되려면 '수익이 나는 모형'을 경험한 후 실천, 반복하면 된다. 생각보다 간단한 일이다. 그런데 이를 무시하는 투자자가 많다. 잘 알지만 실천이 따르지 않는 것이 문제다. 남들도 다 아는 이야기로 치부하지 말자.

주식투자 강의를 하다 보면, 주식 관련 책 100권을 넘게 읽었어도 돈을 못 벌었다고 하소연하는 분들도 가끔 만난다. 물론 책이 잘못되었을 수도 있지만, 그보다는 책에 담긴 내용을 실천하지 않는 투자자 자신의 문제라고 진단해야 한다. 그런 분들은 자기 책임을 외부 탓으로 돌리는 데 익숙하다. 책을 읽고 거기서 단 하나라도 배웠다면 실천함으로써 자신의 것으로 만들어야 한다.

📊 증권맨들은 주식을 잘할까?

주식투자를 전업으로 삼은 지 20년이 넘다 보니 여러 증권사 직원분들과 교류가 많은 편이다. 가끔씩 서로의 안부도 묻고 시장 상황에 대한 이런저런 의견도 나눈다. 그런데 그중 일부의 지인들은 자신이 증권회사 직장생활을 한 지 20년이 넘었는데도 좀처럼 수익이 안 난다고 답답함을 토로한다. 최소 10년 이상 증권회사에 적을 둔 '증권맨'이라면 주식투자에 관한 지적 수준이 거의 최고일 텐데, '투자 성적'이 뛰어난 분을 찾아보기가 쉽지 않다.

전문 애널리스트, 증권맨일지라도 주식투자 수익이 저조한 이유는 어디에 있을까? '아는 것'과 '실천하는 것'은 별개의 문제다. 즉, 주식투자에 관하여 알고 있는 지식을 실제 투자로 실행할 때 비로소 성공적인 주식투자가 된다.

05

종자돈 1,000만 원

몇 년 전에 유행했던 말 가운데 '금수저, 은수저, 흙수저' 이야기를 기억할 것이다. 자신의 타고 난 신세나 운이 좋고 나쁨을 밥 떠먹는 수저에 비유한 이야기였고 오랫동안 사람들에게 회자되었다. 소위 금수저, 은수저라고 불리는 사람들의 경우 자기 손에 쥔 자산은 스스로 노력하여 만들어낸 것이 아닐 확률이 높다. 운 좋게 부모 잘 만나 노력 없이 얻게 된 자산일 테니, 엄밀히 말하면 내 돈이 아닐 거라는 이야기다.

그렇다면 진짜 내 돈은 어떤 것을 말할까? 나는 누구의 도움 없이 스스로 노력해서 만들어낸 종자돈을 진정한 의미의 내 돈이라고 생각한다. 근로소득이든 자본소득이든 노력을 통해 만든 돈이야말로 진정한 내 돈이다. 자신의 재능과 노동을 투입하여 힘들게 일군 자산과 돈이라야 애정과 관심이 생긴다. 그리고 돈에 대한 집중력도 높아지게 마련이다. 하지만 노력 없이 쉽게 얻게 된 돈은 손에서 바람이 새어나가듯 쉽게 사라질 수 있다. 부유한 부모를 만나 자산을 물려받게 된 금수저, 은수저들은 자신의 수중에 있는 돈이 얼마나 소중하고 귀한지 잘 모를 수도 있다.

📊 진짜 내 돈 투자법

주식에 돈을 투자할 때, 주식투자자에게는 여러 가지 선택지가 있다. 사람들은 크게 중장기투자와 단기투자로 나눈다. 특히 단기투자의 경우 투자하는 기간에 들어간 돈은 엄밀히 내 돈이 아니라고 생각해야 한다. 단기투자에서 수익을 거두었다면 투자를 잠시 멈추고 현금화하여 손에 쥘 때 비로소 진정한 내 돈이 된다. 단기투자뿐 아니라 중장기투자에서도 내 돈을 만들려면 수익이 날 때마다 확인하고, 텀을 두고서 쉬었다가 재투자한다. 필자의 경우 현재 전체적인 투자금액의 규모가 커진 편이라 어떤 돈은 중장기투자, 또 어떤 돈은 단기투자로 운용한다. 내 돈이라고 생각하는 계좌의 경우 절대적으로 안전한 주식 위주로 투자를 하는데, 수익률 상승세가 더딘 것이 아쉽더라도 시장의 상황과 관계없이 안정적인 결과를 보여주니까 이런 계좌는 내 돈이라고 여긴다.

몇 년 전 수익이 난 계좌를 공개함으로써 아는 분도 꽤 계실 텐데, 처음 2억 원으로 시작한 계좌가 3~4년 만에 20억 원을 넘어 지금은 30억 원이 훌쩍 넘는다. 이런 계좌는 안정성을 우선순위에 둔

까닭에 수익률이 낮은 편이지만, 그렇더라도 요즘 은행에서 지급하는 이자와는 비할 바가 못 된다. 주식의 매력 중 하나인 배당까지 챙길 수 있으니 배당수익은 시세차익 이외의 덤이 된다. 무엇보다 내 돈을 만드는 일은 정말 중요하다. 하지만 그에 못지않게 돈을 지키고 키워내는 일 역시 중요하다. 내 돈을 만드는 일과 그 돈을 지키는 일은 함께 이루어져야 한다.

주식투자를 하면서 느끼는 보람 중 하나가 어렵게 마련한 종자돈, 쌈짓돈을 애지중지하며 키워가는 재미에 있다. 자산과 돈은 조금씩 불어날수록 우리에게 즐거움을 준다. 인생의 재미가 꼭 돈에 국한되는 건 아니겠으나, 자산이 불어나는 즐거움을 느껴본 사람들은 그 어떤 재미와도 바꿀 수 없는 즐거움을 자산이 불어나는 일로부터 느낀다고 말한다.

　나는 힘겹게 모은 종자돈으로 주식투자를 하는 것이 좋다고 생각하는 사람 중 하나다. 그 이유는 어렵게 마련한 돈일수록 집중력이 커지기 때문이고, 주식투자는 집중력의 싸움이니까 그렇다. 물론 사람마다 상황이나 형편에 따라 종자돈에 대한 기준이 다를 것이다. 어떤 분은 100만 원, 또 어떤 분은 1,000만 원의 종자돈을 만들기 위해 많은 노력을 기울였을 것인데, 돈의 크기가 중요하긴 해도 절대적인 건 아니다.

　어느새 20년 전의 이야기가 되었지만, 당시 나는 종자돈 1,000만 원을 들고 전업투자의 길로 들어섰다. 지금 생각하면 어이없는 금액이지만, 당시 내가 손에 쥔 1,000만 원은 다른 사람이 가진 1억 원, 10억 원보다 가치 있고 소중했다. 그렇게 시작한 종자돈 1,000만 원이 지금은 몇 천 배로 불어나 있다. 종자돈 1,000만 원을 큰 자산으로 만들기까지 돈에 대한 나의 집중력이 항상 뒷받침되었음은 두말할 것도 없다.

06

금수저, 흙수저 이야기

금수저 이야기를 조금 더 해보겠다. 여러분이 태어나면서 물고 나온 숟가락이 금수저나 은수저가 아닌 흙수저일지라도 절대 좌절하지 말자는 이야기를 하고 싶다. 나 역시 가난한 흙수저 출신이다. 경제적으로 비빌 만한 언덕이 없어 남들보다 상황이나 여건이 조금 더 힘들다고 생각하는 분들이라면, 일단 근로소득을 통해 종자돈부터 만들어보기를 권한다. 그리고 돈에 대한 관심과 애착도 갖도록 하자. 한 푼의 돈이라도 가볍게 생각하지 말자는 이야기다.

그렇게 힘겹게 마련한 종자돈이 과거의 나처럼 1,000만 원도 안되는 500만 원, 100만 원이어도 괜찮다. 주식투자와 함께 세상 공부에 게으르지 않는다면 여러분에게 소중한 그 종자돈이 몇 배, 몇 십 배 늘어날 가능성이 높다. 종자돈 1,000만 원을 주식에 투자하여 큰 수익을 거둔 내가 바로 여러분이 참고할 수 있는 모델이다. 여러분의 10년, 20년 후에는 지금보다 나은 경제적 자유와 여유를 누리며 살 수 있을 거라는 희망을 갖기 바란다.

만약, 자신이 운 좋게 금수저로 태어났다면, 그런 운이 지속될 수 있도록 흙수저, 무수저 출신보다 더 많이 노력해야 한다. 앞서 말했듯 '나의 노력과 힘으로 일구어낸 돈이 진짜 내 돈'이라는 생각을 가져야 한다. 여기서 내가 정말로 하고 싶은 이야기는 '금수저든 흙수저든 상관없다!'는 것이다. 흙수저라고 너무 비관할 필요도 없고, 금수저라고 자만할 이유도 없다. 그런 운명은 내가 만든 것도 아니고 바꿀 수도 없으며 이미 지난 과거의 일이다. 과거는 깨끗이 잊고 앞으로 어떻게 살 것인지 진지하게 고민하는 것이 현명한 처사다.

현재 자신이 처한 상황이 무엇이든 간에 말끔히 잊고 앞으로가 더욱 중요하다는 생각을 하자. '어린 시절 너무 어려웠고, 물려받은 게 없어서'라든가 '잘 나가는 부모가 알아서 챙겨주겠지'라는 말 뒤로 소심하게 생각하면 험한 세상을 헤쳐 나갈 수 없다.

현재 우리나라는 세계 10위권 안팎의 경제 대국으로 성장했다. 잘 먹고 잘 살기 때문에 선망의 대상이었던 이웃 일본을 이제는 우습게 여길 정도다. 우리가 어느새 경제 대국으로 자리를 잡은 만큼 국가가 국민에게 제공하는 복지도 다양하다. 지금은 돈이 없어서 학업을 중도에 포기하는 사람이 거의 없다. 스스로 공부를 그만두거나 관심이 없으니까 안 하는 것이다.

그리고 조심스러운 이야기지만, 가난한 부모라고 해서 당신 자녀에게 못 해준 일을 마음속에 담아두지 않아도 되지 않을까 생각한다.

될 사람은 어디에 내놓더라도 잘 풀리게 마련이고, 자기 살 길을 기가 막힐 정도로 잘 찾아간다. 그러니까 자신이 금수저, 흙수저 출신이라는 것에 너무 신경 쓰지 말자. 대신에 현재 꿈의 크기가 어느 정도이고, 꿈을 현실로 바꾸기 위하여 어떤 노력을 기울이는지가 더 중요하다는 이야기를 해주고 싶다.

요즘 젊은 분들의 경우 저금리 시대, 양질의 일자리 부족, 그리고 무엇보다 부동산 시장의 폭등으로 인한 주거 불안정을 겪고 있다. 그 결과 소위 '영끌투자'에 나서는 20~30대 젊은이들이 많아졌는데, 이런 현상을 지켜보면서 마음 한켠으로는 안타까운 생각이 들기도 한다. 어쨌거나 어려운 시대를 살아가는 청년들 모두 다 잘 되었으면 좋겠다는 간절한 마음이다.

07

저금리 시대에서 살아남는 법

한국은행 금융통화위원회(금통위)는 우리나라 기준 금리를 결정한다. 2020년 12월 현재 금리 수준은 연 0.5%다. 내 기억으로 가장 높은 금리를 기록한 시절은 1997년 IMF 금융 위기 때였다. 당시 91일물 CD 금리는 무려 25%에 가까웠던 걸로 기억한다. 대내외적으로 혼란한 상황이었지만, 금리 변화만 놓고 비교하면 격세지감이 느껴진다. 현재 선진국 또는 우리나라처럼 선진국 대열의 나라들은 저금리 시대에 접어든 지 오래되었다.

금리란 우리가 은행 등에서 돈을 빌리거나 맡겼을 때 원금 이외에 주고받는 돈의 가격이다. 흔히 이자라고도 부르는 금리를 모르는 사람은 없다. 그런데 금리란 녀석도 마치 살아서 움직이는 듯하다. 돈의 가치가 높은지 또는 낮은지에 따라 경제뿐 아니라 주변에 파장을 미치는 일들이 적지 않기 때문이다. 그 이야기를 조금 해보려고 한다.

꽤 오래된 이야기지만 우리보다 저금리 시절을 빨리 겪었던 일본에서는 한때 '와타나베부인'이라는 이야기가 유행했다. 시중은행에 맡긴 돈의 이자가 낮으니까, 싼 이자로 돈을 빌려다 높은 이자를 주는 해외 금융상품에 투자하는 붐을 일컫는 말이 '와타나베부인들의 투자'였다. 일본에서 가장 흔한 성(姓) 씨가 와타나베라고 알려져 있는데 너나 할 것 없이 이런 투자 열풍에 동참한 일을 비유한 말이었다.

금리를 공부하면 또 다른 투자 혜안이 생긴다. 금리가 경제에 미치는 영향, 그리고 정부의 정책 방향도 금리를 통해 가늠할 수 있다. 저금리시대를 살아가는 우리는 자산을 관리하는 방법에도 변화를 주면 좋을 것 같다. 최근에는 은행에 돈을 맡기는 사람이 거의 없다. 많은 분들이 하소연을 하듯 은행에 큰돈 맡겨봐야 손에 들어오는 이자는 혀를 차는 수준이다.

만약 은행에 맡긴 원금이 2배로 불어나려면, 복리를 감안하더라도 약 30년이라는 시간이 걸릴 수 있다는 이야기를 들은 적이 있다. 이처럼 저금리시대 상황이 지속될 것으로 보이는 상황에서는 주식투자가 자산을 불리는 괜찮은 방법이 아닐까 생각한다.

그런데 사람들은 주식투자라 하면 왠지 어렵고 복잡하다고 여긴다. 여러분의 생각과 달리 주식투자는 생각보다 단순하다!

나는 주식투자가 돈을 만들고 불리는 데 효율적인 방법이라고 믿는다. 주식투자의 장점이라 할 수 있는, 투자 이후에 우리가 기대할 수 있는 수익의 종류도 두 가지나 된다. 앞에서 주식투자의 장점으로 언급했던 시세차익과 배당수익이 그것이다. 주식시장에 들고 나는 기업은 해마다 조금씩 바뀐다. 상장 기준에 모자라서 탈락하는 기업도 있고 기준에 부합하여 주식시장에 새롭게 데뷔하는 기업도 있다. 뿐만 아니라 주식투자 환경도 수시로 바뀐다. 과거보다 거래 수수료도 낮아졌고, 투명성이 강조되어 주식시장이 안심할 수 있는 시장이라는 믿음도 어느 정도 자리를 잡았다.

시대적 요구에 따라 주식시장 환경이 자주 바뀌고 있지만, 절대 변하지 않는 주식투자로 돈을 버는 방법은 '시세차익'과 '배당'이다. 주식투자로 수익이 나는 두 가지 방법은 주식시장이 존속되는 한 변함이 없다. 우리가 주식투자로 수익 나는 방법이 두 가지임을 알았다면, 주식투자를 너무 어렵게 생각하지 않아도 된다. 그것이 내가 말하고 싶은 핵심이다. 주식투자는 생각보다 어렵지 않다. 그렇지만 결코 쉬운 일도 아니다. 다만 주식투자를 할 때 머릿속의 복잡한 생각을 내려놓고 단순해지면 한결 도움이 된다.

물론 구체적인 투자 방법론을 하나씩 들여다보면, 상장된 종목 수며 매매기법 등 복잡한 이야기가 전혀 없는 건 아니다. 하지만 아무리 복잡해도 주식으로 수익을 낼 수 있는 두 가지 방법 말고는 없음을 기억하자. 다른 것으로는 절대 수익이 날 수 없다. 조금은 역설처럼 들리겠지만, 주식투자에 대한 정의는 이런 게 아닐까 한다.

'생각보다 너무 어렵지 않고, 생각보다 쉽지도 않은 것이 주식투자다!'

08

내가 생각하는 가치주

주식가격은 한시도 가만히 있질 않는다. 단 1분 사이에도 오르내리기를 끊임없이 반복한다. 때로는 급등락을 보이는 경우도 있다. 주가는 왜 변할까? 쉬운 이야기인 것 같지만 굳이 주가의 변화를 말하는데에는 다 이유가 있다. 즉, 주가 변화의 원리 속에 우리가 반드시 알고 배워야 할 이야기가 숨겨져 있다. 주식가격이 변하는 이유는 주식을 팔려는 매도자와 사려고 하는 매수자가 가진 생각의 차이, 기업가치에 대한 평가 기준이 다르기 때문에 나타난다. 매도자는 가격이 높다고 생각하니까 판다. 매수자는 매도자와 반대로 생각하는데, 지금 사두면 주가가 더 오를 것이라고 믿는다. 이 두 세력이 합의하는 자리에서 주가가 만들어진다. 변치 않는 사실은 주가가 늘, 수시로 변한다는 점이다. 주식 초보자인 '주린이'도 이런 이야기는 잘 안다.

기업의 가치 역시 수시로 변하게 마련이다. 때때로 변하는 주가가 증거다. 그런데 여기서 우리가 한 가지 생각해볼 문제가 있다. 가령, 어떤 기업과 관련 있는 긍정적인 뉴스가 세상에 알려졌다고 해보자.

그런 소식은 전해지자마자 실시간으로 또는 그 이전에 이미 주가에 반영된다. 간혹 별 내용도 없는 긍정적 또는 부정적 뉴스에 오버슈팅 상황이 벌어지기도 한다.

유심히 살펴보면 기업에 큰 악재가 아님에도 불구하고 소문과 뉴스에 떠밀려 악재로 돌변함으로써 주가가 떨어지는 일도 종종 목격할 수 있다. 긍정적인 작은 뉴스가 급등을 이끌고, 부정적인 작은 뉴스가 악재로 돌변해 주가를 떨어트리는 것이다. 이런 상황을 감안하더라도 주가는 대개 기업의 가치를 수렴하는 선에서 결정된다.

기업가치에는 내재적 가치, 외재적 가치, 미래가치 등을 모두 포함한다. 적잖은 투자자가 가치주 투자에 매달리기도 하는데, 그들은 가치주 선정 기준으로 알려진 저(低) PER(주가수익비율)과 저 PBR(주가순자산비율)을 열심히 살핀다. 혹자는 기업의 재무제표도 틈틈이 들여다본다. 물론 재무제표를 볼 줄 알면 주식투자에 분명 도움은 되겠지만, 이는 전문적인 영역의 일이다. 우리가 잘 아는 기업의 가치평가는 애널리스트들의 몫이다. 일반 개인투자자가 재무제표 등의 전문지식까지 모두 알아야 할 필요는 없다고 생각한다. 그런 공부까지 하느라 너무 힘 뺄 필요가 없다.

그리고 하나 더! PER, PBR, 재무제표 등은 과거 실적을 반영한 자료들이다. 기업의 미래가치를 유추, 기대하며 투자하면서 과거 자료에 너무 얽매일 필요도 없다고 생각한다. 주식의 가격이 기업의 가치에 수렴한다는 점을 알았다면, 우리가 투자할 종목을 고를 때 반드시 고려해야 할 사항이 있다. 가치주를 찾으려고 애먼 시간을 보내는 대신 평소 관심을 둔 대상 기업이 아래의 항목에 해당하는지를 살펴야 한다. 그것이 핵심이다.

① 전환사채(CB)를 많이 발행했는가?

② 전환 물량이 주식으로 전환되어 시장에 출회되었는가?

③ 4년 연속 영업 손실이 발생했는가?

④ 기업의 가치와 별개로 주가가 과도하게 상승했는가?

특히, 너무 가파르게 오른 주식이라면 추격매수를 절대 삼가야 한다. 과도하게 오른 주식은 피하는 게 상책인데, 이런 현상은 주로 테마주에서 많이 나타난다.

한편, 우리가 투자할 어떤 기업의 가치를 점검할 때 코스피지수 등락과 유사한 등락폭을 보여주는 기업, 이를테면 시가총액이 가장 큰 삼성전자 주가와 코스피지수를 비교하여 이를 기준으로 삼아도 된다. 개인적인 생각이지만 우리가 가치주 투자에서 계량적인 수치에 너무 집착할 필요는 없다고 본다.

우량주에 대한 나름의 정의

경영 내용과 수익성은 물론이고 배당률도 좋은 기업을 일컬어 '우량주'라고 표현한다. 영어로 말하자면 블루칩(Blue Chip)이다. 투자자라면 누구나 우량주에 큰 관심을 갖고 있다. 그럼 여기서 한 가지 질문을 해보겠다.

'삼성전자 주식은 우량주일까?'

30년 이상 주식 좀 해봤다는 필자가 너무 초보적인 질문을 한다고 생각한다면, 하나만 알고 둘은 모르는 소리다. '삼성전자 주식은 우량주일까?'라는 물음에 나는 두 가지 답을 해줄 수 있다.

'우량주가 맞다.'
'우량주가 아니다.'

일반적인 상식선에서 생각하면 삼성전자 주식은 당연히 우량주라고 볼 수 있다. 그러나 우리가 삼성전자 주식을 정말 우량주라고 부르고 싶다면, 일반적인 상식 대신 주관적인 수익 경험을 누린 후 말을 해야 옳다. 만약 내가 삼성전자 주식을 10만 원에 샀는데, 손해를 보고 8만 원에 팔았다면 삼성전자 주식을 과연 우량하다고 말할 수 있을까?

기업의 규모나 실적, 그리고 배당이 아무리 좋다고 한들, 그런 기업에 투자했다가 손해를 보았다면 투자자 입장에서는 절대로 우량한 주식이 아니다. 실제로 투자자 본인에게 수익을 안겨주는 주식이 우량주가 된다. 투자자에게 우량주가 되려면 손실 발생이 없고, 안정적인 수익을 제공해주어야 한다. 그것이 우량주의 기준이다.

남들이 아무리 좋다고 평가한 우량주라도 나에게 손실을 입혔다면 더 이상 그 주식은 나에게만큼은 우량주가 아니다. 나는 우량주에 대한 기준, 생각을 바꾸어야 함을 말하고 싶다. 내가 생각하는 우량주의 기준은 일반 사람들의 생각과 좀 다르다. 위의 두 가지 조건을 충족시켜야 한다.

조금 부끄러운 이야기를 하나 털어놓으려 한다. 나는 2018년에 삼성바이오로직 주식을 꽤 많이 갖고 있었다. 그러나 분식회계 노이즈 여파로 주가가 크게 하락하고 연말에 배당수익도 받을 수 없어서 결국 어느 정도 손실을 보고 매도해야 했다. 당시 삼성바이오로직은 나에게 우량주가 아니었다. 흔히 하는 말로 스트레스를 받게 만든 주식일 뿐이었다. 하지만 2020년 3월 코로나 팬데믹 폭락기에 다시 삼성바이오로직을 매수함으로써 결과적으로 2020년에는 무척 큰 수익을 거두었다. 바로 이런 경우라면 삼성바이오로직이 나에게 우량주가 되었다고 말할 수 있다. 그러니까 우량주에 대한 기존의 고정관념을 바꾸어야 한다. 남들이 추천하는 우량주일지라도 나에게 손실을 입혔다면, 결코 우량주가 아니다.

그런데 여기서 한 가지 의문이 생길 수도 있다. '그러니까 수익을 낼 수만 있다면 종목에 상관없이 모두 우량주가 되는 것입니까?'라는 질문이 나올 법하다. 절대 아니다. 가격이 싸고 재무적 리스크가 있는 주식도 단기매매를 통해 얼마든지 큰 수익을 낼 수 있지만, 이런 주식을 우량주라고 말하지는 않는다. 내가 생각하는 우량주의 기준은 아래와 같다.

'모든 사람이 인정하는 우량주 가운데 나에게 수익을 안겨주어야 진정한 우량주다.'

10

저평가 우량주?

인터넷 검색창에 '저평가 우량주'라는 단어를 넣고 검색하면 여러 페이지를 넘겨가면서 무수히 많은 정보가 소개된다. 카페, 블로그, 유튜브 등 주식투자 관련 코너에는 가치주나 저평가 우량주에 관한 추천의 글이 넘쳐난다. 저평가 우량주를 찾는 수요가 많다 보니 수많은 정보가 생산되어 유통되는 것인데, 일견 당연해 보인다.

전통적으로 저평가 우량주, 가치주의 기준은 PER(주가수익비율), PBR(주가순자산비율) 등이 낮은 종목을 기준으로 삼는다. '주식가격은 기업가치에 수렴한다'는 주식투자의 가장 기본적인 가치를 논하지 않더라도, 기업이 돈은 잘 버는데 주식가격이 싸다면 투자자 입장에서는 이보다 더 좋은 투자대상이 없다. 하지만 세상의 모든 물건에 돈으로 가치를 평가하는 상품의 가격표가 붙어 있는 것과 마찬가지로 주식가격 역시 비싸면 비싼 대로 싸면 싼 대로 다 이유가 있게 마련이다.

필자는 몇 년 전부터 주식투자 강연을 할 때마다 '저평가 우량주'

또는 '가치주'에 너무 집착하지 말라고 투자자들에게 말해왔다. 2020년 가을, 매경에서 주최한 〈서울 머니 쇼〉에서도 "주식투자자의 최고의 가치는 '수익을 내는 일'이지 저평가 우량주나 가치주를 찾아 투자하는 것은 아니다."라는 내용을 강조했었다. 필자의 강연을 들은 투자자들은 '뼈 때리는 강연, 신선한 강연' 이라는 강의 평가를 많이 해주신 걸로 기억한다.

사실 이미 수년 전부터 전통적인 가치투자를 지향하는 펀드나 투자자들은 시장수익률에 못 미치는 수익률이 나오거나 기대치에 한참 부족한 투자 성적표를 받아들였다. 그렇다고 아무 주식에나 투자하라는 말이 아니다. 기업가치에 비해 고평가된 주식에 투자하면 리스크가 있으니까 가치투자를 하는 것인데, 다만 PER이나 PBR만으로 주식의 가치를 정하기에는 한계가 있다는 뜻이다. 기업가치를 평가하는 방법이 '디지털 시대'인데 '아날로그 시대'의 평가법을 그대로 사용하는 건 문제가 있다고 생각한다.

재무제표를 중시하는 기존의 가치주 투자는 기업의 지적재산권, 브랜드 가치, 경영권 프리미엄, 기업의 미래 성장성 등 무형의 자산 가치를 읽을 수가 없다. 앞으로는 일반 개인투자자들이 저평가 가치주를 찾느라고 '열과 성'을 다하는 수고에서 벗어났으면 좋겠다.

기업의 적정한 가치를 분석하고 저평가 기업을 찾아내는 일도 사실 증권사 애널리스트의 몫이다. 주식투자자는 증권회사를 통해 주식거래를 한다. 이때 지불하는 수수료에는 일반적으로 증권회사에서 발행하는 기업에 관한 리포터 비용이 포함되어 있다. 참고로 기업분석 리포터만 판매하는 기업도 있다. 필자 역시 여러 증권사에서 발행한 리포터를 자주 살펴보고 투자에 활용한다. 굳이 아까운 시간을 들여가며 저런 정보를 찾고자 노력할 이유가 없다고 생각한다.

이와 관련하여 필자의 경험을 하나 소개하는 것도 도움이 될 것 같다. 나는 몇 년 전에 캐나다 토론토 벤처거래소에 상장된 바이오 및 제약회사 60여 개 기업을 조사했다. 조사결과 흥미로운 사실을 알았다. 기업의 1년 매출이 몇 억 안 되는데도 불구하고 시가총액의 경우 수천 억 원 이상인 기업이 대다수였다. 아무리 미래가치에 투자한다고 해도 과하다는 생각이 들었다.

코로나 팬데믹 이전에도 경기를 부양하기 위해 각국 중앙은행이 유동성을 너무 많이 공급해 세상에는 투자할 곳을 찾지 못하고 헤매는 돈들이 무지 많다. 돈 많고 정보가 빠른 외국인 투자자, 기관투자자는 늘 저평가 우량주를 예의주시하며 살펴본다. 따라서 역설적으로 개인투자자가 찾을 수 있는 안전하고 수익을 많이 가져다주는 저평가 우량주는 없다고 말해도 과언이 아니다.

11

가치주와 성장주에 대하여

가치주(Value stock), 성장주(Growth stock)와 관련해서는 다음과 같은 이야기를 들려주고 싶다. 먼저 가치주 이야기부터 해보자.

가치주

다들 가치주라고 하면 떠오르는 사람이 있을 것이다. 미국 5대 갑부 중 1인, 버크셔 해서웨이의 회장, 오마하의 현인, 전설적인 투자 귀재 등의 최고의 수식어가 따라붙는 워런 버핏(Warren Buffett)이다. 워런 버핏의 투자법은 가치 있는 주식을 찾아 매입한 후 오랫동안 보유하는 전략이었다. 일명 가치주 투자다. 그는 과거에 맥도널드 햄버거와 코카콜라를 너무 좋아하여 관련 종목에 많은 투자를 했다. 이들 주식은 전통적인 가치주들이다. 워런 버핏은 본인이 잘 모르는 ICT 종목에는 투자를 꺼렸다. 그러나 최근에는 워런 버핏도 자신의 트레이드마크였던 가치주 투자에서 벗어나 미래가치에 중점을 둔 ICT 투자에 임하고 있다고 전해진다.

워런 버핏의 투자 결정은 무엇을 의미할까? 과거처럼 가치주에 우리가 너무 얽매일 필요가 없다는 점을 알려주는 듯하다. 전통적으로 생각해온 가치주 투자라는 고정관념에서 벗어날 필요가 있다. 현재 시각으로 가치주를 다시 정의하자면, '현재와 미래가치가 적절히 조화된 주식'에 투자하는 것을 의미할 수 있다. 이런 주식에 투자해야 효율적인 투자다. 그런데 여기서도 우리가 유념해야 할 것이 있다. 너무 성장주 위주의 투자를 하면 안 된다는 이야기다.

성장주

ICT와 바이오주로 대표되는 성장주는 현재 기준으로 볼 때 실적이나 성장세가 양호한 기업이 향후에도 지속적으로 성장할 것으로 기대되는 주식을 말한다. 그런데 기업의 존재 이유는 무엇일까? 당연히 돈을 버는 일이다. 돈을 퍼주면서 자선사업을 목적으로 하는 기업은 세상에 단 하나도 없다. 기업의 존재 이유는 현재 돈을 벌고, 앞으로도 계속 매출을 늘려 더 많은 수익을 내는 데에 있다. 그러나 기업 존재의 1순위 목적인 돈 버는 일을 등한시하고 충실하지 못하며, 오로지 미래의 장밋빛 꿈만 가득한 기업이라면 리스크가 높다고 판단해야 한다. 이를 성장주라고 오해하면 안 된다.

과거의 사례 중 이를 참고할 만한 이야기가 있다. 지금도 모두가 기억하는 1999년 IT버블이다. 당시에는 기업 이름에 '닷컴'이 붙으면 주가가 하늘 높은 줄 모르게 치솟았다. 수익을 실현해줄 만한 구체적인 내용이 없음에도 주가가 폭등하는 버블이 만연했다. 예를 들어 '청와대 홈페이지'를 만들었다고 시총 1조 원이 넘는 기업이 있었다. 이 회사는 나중에 상장폐지가 되어 많은 투자자들에게 막대한 손실을 입혔다. 당시에는 이른바 비상장주식에 투자하는 엔젤투자(Angel investment, 벤처기업이 필요한 자금을 개인투자자가 모아 지원해주는 투자법)가 유행했는데, IT버블이 꺼지자 결과적으로 많은 개인투자자가 막대한 손실을 경험해야 했다.

최근에도 성장주 투자와 관련하여 큰 손해를 본 사례가 있다. 일본 최대 소프트웨어 유통회사 겸 IT 투자기업인 소프트뱅크가 그 주인공이다. 손정의 회장이 이끄는 소프트뱅크는 밴처기업의 스타트업에 과도한 투자를 감행한 이후 큰 손실을 경험했다고 전해진다. 성장주라고 해도 과도한 장밋빛 전망에 취해 있는 기업은 주식투자 시 좀 더 주의를 기울여야 한다. 예컨대 ICT 업종과 바이오주가 대표적인 성장주로 불리는데, 이들 중에서도 실체 없이 미래의 청사진만 남발하는 기업들이 있다. 당연히 주식투자자라면 경계 대상으로 삼아야 한다.

12

테마주 공략법

주식시장에 특정한 이슈, 현상에 따른 상승세가 여러 종목에 무리지어 나타날 때, 그런 종목군을 테마주라고 한다. 테마주의 경우 일회성 테마주와 중장기적 테마주로 구분하여 살펴볼 수 있으며, 먼저 일회성 테마주부터 알아보자. 주식시장은 온갖 이슈와 뉴스가 다양하게 나타나기 때문에 주식시장에서의 테마주 역시 수시로 빈번하게 나타난다.

단기적이고 일회성에 머무는 테마주의 사례로는 봉준호 감독이 제작한 영화 〈기생충〉이 아카데미상을 수상했을 때처럼 '기생충' 관련주, AI(조류독감)처럼 전국적인 피해를 입히지 않고 특정 지역에 나타났다가 사라졌을 때 '동물의약품' 관련주 등이 있다. 그리고 중장기적 테마주의 대표적인 사례를 나열하자면, 대선을 앞둔 '대선 테마주', '정책 테마주', 과거 '대운하 관련주', '남북경협 관련주' 등이 주인공이다. 이런 테마주는 2~3년가량 시장에서 그때그때의 뉴스에 따라 오르내림을 반복했다.

한편, 테마주 가운데에는 영원한 것도 있다. 무엇보다도 주식투자의 대상으로 최고의 종목은 실적이 좋은 기업이다. 그래서 실적이 좋은 종목군도 영원한 테마주라고 부를 수 있다. 그 밖에 산업 트렌드의 변화에 따라 '바이오, 제약주 테마주', '5G 테마주', '전기차 테마주', '반도체 테마주' 등은 장기간 상승세가 지속되었다. 최근에는 '코로나 테마주'가 있었던 것도 대부분의 투자자가 기억할 것이다. 일부 증권사 HTS에서 제공하는 테마주를 클릭해 보면 100여 가지가 넘는다. 필자는 테마주가 형성되면 대체로 큰 수익을 내는 편이다.

여기서 잠시 테마주를 투자하는 방법에 대해서 간략히 정리하겠다. 시장에 수시로 나타나는 테마주가 형성되면 먼저 단기적인 테마인지, 중장기적인 테마인지를 구분해야 한다. '정치 테마주'나 '코로나 테마주'처럼 대량 거래를 수반하는 테마주는 대장주를 매수해야 한다. 초기에 높은 가격이 형성되었더라도 초기에 매수해야 하고 일찍 매도하면 안 된다. 중장기 테마주는 단기간에 급등하면 시장조치에 따라 '투자주의, 경고, 위험' 등의 꼬리표가 붙는데, 이럴 경우엔 대장주가 바뀔 수 있다. 2등주, 3등주를 매수할 때에는 오히려 큰 손실로 귀결될 수도 있다. 테마주는 투기세력이 들어오는 경우가 대부분이고, 일반 투자자가 매수할 시기에는 벌써 주가가 많이 상승한 상태이기 때문에 이슈나 뉴스가 종료되기 전에 매도해야 한다.

📊 실적 장세와 유동성 장세

주식시장은 수시로 변한다. 주식가격의 변화는 대개 기업의 실적에 따라 좌우된다. 기업들은 언제나 더 나은 실적과 성장을 거두기위해 분투한다. 따라서 실적 장세는 주식시장이 열리는 동안, 내내이슈가 되고 테마가 된다고 할 수 있다. 우리는 주식시장이 늘 실적 장세라고 생각하면 된다. 실적 장세와 별개로 유동성 장세란 것도 있다. 최근의 흐름처럼 시장에 돈이 많이 몰리면 유동성(현금으로 바꿀 수 있는 자산의 정도) 장세라고 말할 수 있다. 유동성 장세에서는 주식에 돈이 많이 몰림으로써 기업의 실제 가치보다 주식가격이 크게 높아진다. 여기서 중요한 건 수시로 변하는 주식시장에서투자자들이 대응을 잘해야 한다는 점이다.

지금 시장의 핵심이 어떤 장세에 있는지를 관찰하고 파악하여 적절한 대응책을 내놓을 수 있어야 한다. 다시 말하지만, 주식시장은결코 정적이지 않다. 시시때때로 움직이는 생물과 같이 늘 동적이다. 주식투자자가 시장의 변화보다 빠르게 대응하는 일은 무척 어렵다. 그러나 시장에 어떤 변화가 나타날 때 거의 실시간으로 대응할 수 있어야 투자 손실을 보지 않는다. 주식투자자라면 자신을 지키고 불리는 데에 반드시 필요한 능력, 즉 변화에 빠르게 대응할수 있는 민첩성을 갖추어야 한다.

전기차, 수소차, 제약바이오 테마주처럼 산업구조에 따른 테마주는 초기에 관련주들이 무더기로 상승했다가 한참 조정을 받은 후에 개별기업 실적 실력으로 주식 상승세가 구분된다. 테마주는 대체로 변동성이 매우 크고 매도 타이밍을 놓치면 큰 손실을 면치 못하기 때문에 빠르게 대응할 수 없는 투자자는 중장기 테마주에 집중하는 것이 좋다.

테마주에서의 주된 매매 방법은 단기매매에서 사용하는 방법을 많이 쓴다. 거래량이 많은 대장주 매수, 시장조치 상황 점검이다. 그리고 중장기 테마주는 단기적으로 기술적 지표(그래프) 분석 등을 통해 수익을 극대화시킨다. 테마주는 언젠가는 반드시 테마주를 형성했던 이슈나 뉴스가 소멸되기 때문에 매도 타이밍이 매우 중요하다. 가령, 몇 년 전, 대선 테마주 중에서 유력 대선후보가 중도에 사퇴하는 상황이 벌어짐으로써 그 후보의 관련주가 폭락했고 결과적으로 많은 투자자가 큰 손실을 보기도 했다.

이슈가 큰 테마주의 경우라면 주의해야 할 것이 또 있다. 소위 가짜뉴스나 거짓 정보가 난무하기 때문에 이슈가 크다고 해서 무조건 덤벼들지 말고 조심해야 한다.

모든 주식투자와 마찬가지로 테마주투자 시에도 큰 수익이 나는 투자 패턴(어느 시점에 매수하고 어느 시점에 매도했나 하는 매매 방법)을 루틴화해야 한다. 투자 패턴의 루틴화는 테마주가 빈번하게 출현하는 주식시장에서 고수익을 지속적으로 낼 수 있는 방법이 되어준다.

13

증시 사계론(四季論)

주식투자가 어렵다고 느껴지는 이유는 수학이나 물리, 화학처럼 명확한 공식이 없다는 점 때문이다. 만약 불변의 '투자성공 공식'이 있다면 그것만 실천하거나 프로그램화하여 투자하면 될 것이다. 그리고 그 방법을 실천한 모든 사람이 큰 수익을 거두어 부자가 되었을 것이다. 하지만 주식투자 세계의 현실에서는 그런 일이 벌어질 수 없다. 다만 우리가 참고할 수 있는 자료가 있기는 하다.

약 30년 전, 우리나라에 소개된 주식 책이 하나 있다. 우라가미 구니오(浦上 邦雄)라는 일본 투자자가 쓴《주식시장 흐름 읽는 법》이다. 원제는《시세 사이클 분석법(相場サイクルの見分け方)》인데, '주식시장의 흐름과 추이'를 쉽게 요약하고 정리한 것이다. 오래된 책이지만 주식투자자들 사이에서는 제법 알려져 있기도 하다. 이 책의 저자는 주식시장의 흐름과 추세가 반복적으로 나타나는데, 이 흐름을 경기가 순환하는 4국면(불황저점-경기회복-호황정점-경기후퇴)에 빗대어 '증시 사계론'[5]을 주창했다. 그 내용을 간략히 정리한 것이 〈표 2. 1〉이다.

〈표 2.1〉 우라가미 구니오의 증시 사계론

금융장세	금융장세에서는 금리와 실적이 모두 하락하며, 주가가 상승한다.
실적장세	실적장세에서는 금리가 천천히 오르고 실적이 좋아진다. 주가 역시 상승한다.
역금융장세	역금융장세에서는 금리가 빠르게 오르고 실적이 상향 조정된다. 반면 주가는 하락하기 시작한다.
역실적장세	역실적장세에서는 금리가 천천히 내려가고 실적은 급락한다. 주가의 경우 긴 하향세를 보여준다.

이 책은 나에게 적잖은 투자 영감을 제공했다. 나는 우라가미 구니오의 이야기를 참고하여 우리나라 주식시장에 적용할 수 있는 '남석관의 증시 사계론'[6]을 만들어 주식투자에 직접 사용했다. 우리나라 주식시장이 일본을 많이 닮았다는 점을 고려할 때, 비록 외국인이 쓴 내용이지만 한국 주식시장을 예측하고 투자 포지션을 잡는데 도움이 될 거라고 믿었다. 그리고 그 결과는 예상에서 크게 벗어나지 않았고, 해마다 이 원칙을 주식투자에 참고함으로써 많은 도움을 받는다.

내가 업계에서 처음 제시해 주창한 '증시 사계론'은 30년간 우리나라 시장을 경험하면서 느끼고 깨달은 일종의 패턴이다. 주식시장은 이런 흐름을 1년 단위로 계속 반복해서 보여준다. 내가 명명한

---

5   《주식시장 흐름 읽는 법》(한경비피, 1993년 출간).
6   '남석관의 증시 사계론'의 보다 자세한 내용은 저자의 첫 책 《실전투자의 정석》(프롬북스, 2017년 출간) 70~77쪽을 참고하라.

'남석관의 증시 사계론'을 간략히 요약하여 정리한다.

📊 〈남석관의 증시 사계론〉 요약

① 주식투자는 농부가 농사를 짓는 일과 비슷하다. 봄에 좋은 씨앗을 뿌려 열매가 맺기를 기다리고 가을 무렵, 풍요한 결실을 누리면 된다.

② 우리나라 주식시장 사이클은 1~2분기(봄, 여름) 시장은 상승기, 3~4분기(가을, 겨울) 시장은 횡보 또는 하락 흐름을 갖는다.

③ 봄에는 매수한 주식종목에서 손실이 나더라도 손절하지 마라. 그러나 가을 이후에 손실이 나면 미련 없이 손절해야 한다.

④ 단기 대응에 서툰 투자자는 가을 시장에서 쉬는 편이 낫다. 이 무렵 변동성이 가장 많은 변화를 보여주기 때문이다.

⑤ 겨울부터는 시장의 흐름을 유심히 살펴라. 그리고 새해에 어떤 종목에 들어갈지 타이밍을 잡아라.

⑥ 겨울에는 현금 보유 비중을 늘려야 한다. 그래야 가장 좋은 종목을 연중 최저가로 매수할 수 있다.

⑦ 겨울을 지나 봄까지가 한 해 농사의 시작점이다. 원하는 주식을 마음대로 쇼핑하는 계절이기도 하다. 반대로 이 시기에 많은 주식을 갖고 있다면 갑이 아닌 을의 위치에 놓인 것과 같다.

〈표 2.2〉 한국 주식시장 분기별 대응법

봄 **1분기(1~3월)**	1분기는 탐색기다. 1월에 중소형 개별주식들 중 한햇동안 이슈로 떠오를 만한 주식들이 조명을 받는다. 1분기는 앞으로 상승할 종목을 고르는 탐색의 시간이다. 이때 외국인과 기관투자자들 역시 적극적인 매수를 줄이고 어떤 섹터가 유망할지 분석하고 탐색한다. 그러다 3월이 오면 일부 종목에서 슬슬 기지개를 켠다. 1분기에는 여름 관련주를 선취매해도 좋다. 간접투자인 펀드도 이때 가입하는 게 바람직하다.
여름 **2분기(4~6월)**	2분기는 개화기다. 자신감을 갖고 투자에 나서야 한다. 세계적인 주가 흐름도 3~6월이 나빴던 적은 거의 없다. 이때는 골든크로스 종목도 눈여겨봐야 한다. 2분기 말인 6월에는 상승폭이 큰 종목군에서 차익 실현 매물이 등장해 급락세를 보이는 일도 종종 있다. 1년 중 가장 편한 마음으로 투자에 집중하고 시세를 즐기는 시기라 할 수 있다.
가을 **3분기(7~9월)**	3분기는 일명 혼조기다. 3월 이후 대세상승을 이룬 종목에서는 7~8월에 상승 꼭지를 나타내는 종목이 많다. 3분기는 대외적인 변수의 영향도 많이 받는다. 오른 종목은 반드시 이익 실현으로 옮기고 단기적으로 조정을 보이는 종목만 매수 대응한다. 크게 상승한 후 데드크로스가 발생한 종목은 이유 불문하고 매도가 원칙이다.
겨울 **4분기(10~12월)** **- 2016, 2020년 미국 대선 영향**	4분기는 휴식기다. 우리 주식시장의 과거를 돌아보면, 4분기에 장이 좋았던 때가 거의 없었다. 투자자 입장에서는 자산관리에 집중해야 할, 리스크가 가장 큰 시기다. 4분기에 투자 실패를 하거나 계좌관리를 못하면 1년 농사를 망치는 것과 같다. 적절한 대응법은 매수를 참고 유망한 투자종목 찾기 안목을 기르는 데 힘쓰는 것이다. 좋은 종목이 나타날 때까지 기다릴 줄 아는 것도 주식투자 실력이다. 그러나 예외적인 상황도 있다. 가령 2016, 2020년에는 미국 대선의 영향으로 대선 전인 10월 말까지 하락세, 대선 이후에는 불확실성이 제거되어 급등세를 보였다. 향후 2024, 2028년 등 미국 대선 시기에도 같은 양상을 보일 것으로 예상한다.

우리나라 증시는 분기별로 해마다 거의 동일한 모습을 반복하면서 특정한 흐름을 만들어낸다. 이는 30년 넘게 주식투자를 해오면서 깨달은 우리나라 증시의 패턴이다. 물론 2016년과 2020년에는 미국의 대선 영향으로 4분기에 변화가 있었지만, 대체로 이 흐름이 1년간 반복되면서 진행되기 때문에 여러분이 주식투자를 할 때 참고할 수 있는 원칙이라고 말할 수 있다.

내가 주창한 사계론은 여러 방송과 강연을 통해 일반 투자자들에게 공개되었고, 그 내용을 누구나 인터넷 검색으로 쉽게 찾아볼 수 있다. '우리나라 주식시장 현실을 고려한 적절한 분석'이라는 평가가 주를 이룬다. 이 정보를 접한 후, 자신의 주식투자에 직접 적용한 사람들은 시기별·종목별 투자 대응에 큰 도움을 받았다고 평가하는 편이다.

나는 예전에 종종 증시 사계론을 강의했다. 새로운 책에 다시 한 번 이 원칙을 소개하는 이유는 내년에도 후년에도, 그리고 적어도 내가 주식투자를 계속하는 날까지 변함없이 참고하여 적용할 기준이기 때문이다. 그런데 가만히 생각해보면 이 말은 또다시 실천의 문제와 결부된다. 좋은 정보나 자료는 간단한 검색만으로도 누구나 찾을 수 있다. 그러나 수익을 내는 데 도움이 되는 효과적이면서도 유용한 자료일지라도 투자자가 실천하지 않으면 말짱 헛일이 되고 만다.

1년을 주기로 반복적으로 되풀이되는 흐름, 패턴을 알고 있으면 투자자의 대응이 한결 편해진다. 물론 코로나19나 미국 대선 등의 예기치 못한 대내외적 변수가 가끔씩 찾아옴으로써 주식시장이 그간의 흐름에서 벗어난 모습을 보이는 경우도 있다. 가령, 2020년 4분기의 경우, 미국 대선 이후에 진행된 코로나 백신 공급과 유례없는 유동성 증가의 영향으로 미국을 비롯한 글로벌 증시와 한국 증시 모두 사상 최고가로 한 해를 마감했다.

주식시장은 상황의 변화가 심하기 때문에 '증시 사계론'도 유연하게 적용하기를 부탁 드린다.

14

한국 증시와 미국 증시의 연관성

인터넷의 발명은 인류의 삶에 또 다른 혁신을 제공했다. 과거에는 상상 못할 여러 가지 일들이 지금은 아주 자연스러운 일상으로 자리를 잡았다. 예컨대 약속 시간만 맞추면 지구 반대편 사람과 실시간으로 얼굴을 마주하고 대화할 수도 있으며, 미국의 대통령 선거 결과와 같이 세계 주요 나라의 시선을 끌 만한 뉴스나 정보를 누구나 실시간으로 시청할 수도 있다. 먼 훗날, 아마도 인터넷은 인류의 삶의 수준을 뒤바꾸어준, 가히 혁명이라고 부를 만한 사건으로 기록될지도 모를 일이다.

인터넷의 보급은 주식투자에도 많은 변화를 가져다주었는데, 요즘에는 낮과 밤이 뒤바뀐 미국 주식시장에 직접 투자하는 주식투자자들이 많다. 때로는 해외 주식투자를 하느라 밤잠을 설치는 사람들도 많다. 국내 애널리스트들이나 경제 관련 이슈를 다루는 사람들, 그리고 나와 같은 전업투자자는 간밤에 일어난 미국 주식시장의 변화나 현황을 점검하기 위해 미국 장이 마감되기 전인 새벽에 모니터를 켜기도 한다. 뿐만 아니라, 친절한 국내 뉴스 앵커는 간밤의 미국 주식시장 결과를 요약해 빠짐없이 브리핑을 한다.

이런 결과는 무엇을 의미할까? 왜 우리는 밤잠을 설치면서까지 미국 주식시장의 결과를 궁금해 할까? 그 이유는 미국 주식에 직접 투자하는 '서학개미'가 크게 늘어난 탓도 있지만, 한국의 증시가 미국 증시의 영향을 가장 크게 받는 시장이기 때문이다. 즉, 미국 증시는 우리 증시의 나침반 역할을 한다.

참고로, 전 세계에서 가장 빨리 열리는 시장은 세계에서 하루가 가장 먼저 시작되는 뉴질랜드다. 그리고 순차적으로 한국, 일본, 중국, 홍콩, 동남아, 유럽, 미주 순으로 시장이 열린다. 뉴질랜드 시장의 경우 규모가 작은 편이다. 따라서 전날 마지막 장이 열렸던 미국 주식시장의 결과가 제법 규모가 큰 한국과 일본, 중국에 큰 영향을 미친다. 이는 종목, 즉 섹터도 마찬가지다. 가령, 미국 필라델피아반도체지수(Semiconductor Sector Index)가 오르면 삼성전자 등 우리나라 반도체 종목도 덩달아 상승하고, 미국 시장에서 5G 관련주가 오를 경우 우리나라 5G 관련주도 함께 우상향한다.

이처럼 우리 증시는 미국 증시와 밀접한 상관관계가 있다. 어떤 나라의 경제 상황이나 분위기가 주변국 또는 세계 경제 흐름에 맞추어 동일한 모습을 보이는 것을 일컬어 커플링(Coupling, 동조화) 현상이라고 부르는데, 미국의 상황이 좋으면 한국의 주식시장도 좋은 경우가 대부분이다. 거꾸로 미국 주식시장과 한국 주식시장의 디커플

링(Decoupling, 탈동조화) 현상을 보이는 일은 가끔씩 나타난다. 주식투자자라면 미국의 주식시장 분위기가 한국 주식시장을 예측하는 나침반 역할을 한다는 점도 알아둘 필요가 있다.

나는 모 종편방송에 출연하여 미국 주식시장 분위기와 흐름 알기 등을 주제로 한 방송 경험을 해본 적이 있다. 방송에 출연하여 1시간 남짓 미국 증시 이야기를 소개하는 것이었는데, 비록 짧은 방송 분량이었으나 혹시라도 실수를 할까 봐 몇날 며칠 동안 공부했던 기억이 새삼 떠오른다. 책에 상세한 내용을 옮기는 건 생략하겠지만, 시간적으로나 경제적으로 여유가 있는 주식투자자라면 미국 주식시장을 비롯하여 글로벌 주식에 대한 공부를 시간이 날 때마다 해야 함을 강조하고 싶다.

15

미 연방준비제도의 금융정책

미국의 중앙은행 시스템인 연방준비제도(FED)는 세계 금융정책을 좌지우지하는 기관이다. 당연히 연방준비제도(약칭 '연준')에서 결정하는 금융정책, 특히 금리 인상이나 인하의 여부가 전 세계 시장에 막대한 영향을 미친다. 연준(FED)의 주요 역할 가운데 하나는 달러를 발행하는 일이다. 세계 기축통화인 달러 발행 여부 결정권을 갖고 있다는 점만 보더라도 연준이 가진 힘을 누구나 쉽게 예상할 수 있다. 연방준비제도의 최고 의사결정 기구가 연방준비제도이사회다. 세계 권력의 정점에 있는 미국 대통령이 상원의 동의를 얻어 7인의 이사를 추천함으로써 이사회가 만들어지는 것으로 알려져 있다.

　연준의 주요 업무 중 달러 발행 못지않게 중요한 일이 하나 더 있다. 다름 아닌 통화정책을 만들고 집행하는 일이다. 앞서 말했듯 연준이 마련한 통화정책은 주식시장을 비롯하여 각 나라의 금리나 환율정책 등 세계 경제에 미치는 영향이 막대하다. 따라서 주식투자에 관심이 많은 분들이라면 연준이 발표하는 금리정책을 예의주시할 필요도 있다. 금리정책에 따라 유동성을 어떻게 공급할지 가늠하는 기준이 되기 때문이다.

참고로 미국이 금리를 올리는 두 가지 기준이 있다. 하나는 물가 상승률이고, 다른 하나는 고용지표다. 이 두 가지를 토대로 금리를 조절하는데, 가끔씩 주변의 한 친구가 '달러 투자가 괜찮은지'를 물을 때가 있다. 나는 미국 입장에서 만약 당신이 미국 대통령이라면 달러가 비싸야 좋을지 싸야 좋을지를 되묻는다. 미국 입장에서 달러가 비싸면 수출이 어려워질 테니까 당연히 정책적으로 달러 가치를 떨어트린다. 이처럼 달러 가격의 변동은 모든 수입물자, 수출물자와 밀접한 관련이 있다. 나와는 아무 상관이 없는 것처럼 보이지만, 세계 경제는 하나로 묶여 우리 삶 곳곳을 지배한다. 여러분의 생각은 어떠한가? 다양한 생각과 답이 나올 것 같다.

주식투자를 하려면 원하든 원하지 않았든 여러 가지 공부가 뒷받침되어야 한다. 괜찮아 보이는 주식을 꽤 괜찮은 가격에 매수했다고 안주하거나 기뻐할 일이 절대로 아니다. 운이 되었든 실력이 되었든, 주식투자로 수익을 냈다면 좀 더 잘하고 싶은 마음이 드는 게 당연하다. 그래서 이런저런 뉴스도 찾고 위에서 말한 것처럼 평소였다면 관심조차 두지 않았을 미국의 주식시장도 들여다보는 것이다. 주식투자를 잘 해보기로 마음을 먹었다면, 금리며 환율이며 경제 상황 등을 살펴보는 일이 당연한 자세다. 이는 무척 자연스러운 행보라고 말할 수 있다.

📊 주식투자 공부하기

필자는 '평생 부자로 사는 주식투자자', 또는 주식투자로 성공하기 위한 필수조건으로 '주식공부'를 하라고 일관되게 주장했다. 주식에 대한 기초 상식조차 잘 모르는 '주린이' 입장에서는 막연하고 어렵게 느껴질 수도 있다. 이런 분들을 위하여 주식투자에 도움이 되는 몇 가지 정보를 소개한다.

① 키움증권에서 운영하는 '하우투스탁(HOW TO STOCK) : 주식투자의 기초 지식, 기술적 분석의 기초인 차트 보는 법 등의 매우 유용한 자료를 공부할 수 있다.

② 대형 증권사 리포트 : 중장기 시장 전망 또는 투자유망 섹터에 대한 정보는 대형 증권사 리포트가 도움이 된다.

③ 네이버 금융 코너와 팍스넷 : 개별 종목에 대한 투자정보, 종목 분석에 도움이 되는 자료를 찾아볼 수 있다.

④ 인베스팅(Investing) : 해외 주식투자 정보는 인베스팅을 참고하면 좋다.[7]

⑤ 신문 : 여러 신문 중에서도 주요 경제지를 구독하면 일상적인 주식공부가 된다. 물론 지면신문 구독료를 빼고는 인터넷을 통

---

7   필자는 보유종목이나 관심종목을 인베스팅에 등록해 두고 시간이 날 때마다 한 번씩 들여다본다.

해 모두 무료로 구독할 수 있다.

시간과 열정, 그리고 발품을 팔아서 정석으로 얻은 주식투자에 관한 지식과 지혜(Insight)는 주식투자를 하는 동안 내내 어려운 투자세계에서 투자자 자신에게 든든한 버팀목 역할을 한다. 투자 입문 초기에 최선을 다해 절박함과 간절함으로 실행한 주식투자 공부가 경제적 자유라는 보상을 제공해준다.

주식투자를 하면 자연스럽게 세상을 공부할 수밖에 없다. 이런 열정과 성의가 뒷받침되어야 수익을 내는 주식투자자로 성공할 확률이 높다. 주식시장은 언제나 새로움을 갈망하고 변화에도 민감하다. 따라서 주식 공부는 우리가 늘 새롭게, 젊게 사는 비결이 되어주기도 한다.

16

수익 내는 필살기, 투자전략 만들기

내가 여러분에게 강조하고 싶은 필살기, 생존전략은 쉽게 말해서 '수익 창출의 경험을 체계화'하라는 것이다. '언제 어떤 상황에서 매수하여 매도했더니 수익이 나더라!'는 경험을 해보았다면, 이를 반복적으로 실천함으로써 여러분의 몸에 익히라는 이야기다. 한 번의 성공으로 그치지 말고 반복함으로써 성공의 공식, 습관으로 만들어두라는 뜻이다.

예를 들어 여러분이 어느 시기에 어떤 뉴스를 보고 어떤 주식에 투자를 했더니 수익이 났다고 해보자. 그 경험을 기억해 두었다가 다음에 비슷한 상황이 시장에서 나타나면 똑같이 따라할 필요가 있다. 그리고 성공의 기억을 떠올리면서 유사한 뉴스가 떴을 때, 유사한 종목이 나타났을 때, 유사한 상황이 전개될 때 다시 한 번 적용하면 된다. 시장이 급락장이든 급등장이든, 중장기투자이든 테마주투자이든 간에 투자자가 대처할 수 있는 방법이나 매매 방법은 항상 똑같다. 그렇기 때문에 나는 위에서 말한 내용을 반복적으로 실천, 적용함으로써 어떤 시장에서도 계속 수익을 내는 투자자가 될 수 있었다.

위런 버핏은 가치주 투자에서 어떤 기업의 주식을 선택하든 자신의 투자 패턴을 루틴화했다. 또 단기매매를 지속적으로 잘하는 사람의 경우, 단기매매의 투자 패턴이 루틴화된 것이라고 볼 수 있다. 주식투자에서는 특별하거나 남들이 모르는 비법이 있는 것이 아니다. 이미 누구나 아는 정보와 이야기들이다. 특별한 비밀이 숨어 있는 것이 아님에도 불구하고 누군가는 큰 수익을 거두고 누군가는 손실을 반복한다.

수익 창출 경험을 반복하여 루틴화하면 그것이 자신의 수익모형이 된다!

주식시장에서는 테마주가 수시로 발생하는데, 대표적인 것이 정치 테마주다. 지금처럼 코로나19 시기에서는 마스크주, 진단키트주, 백신주, 전기차주 등의 테마주가 인기를 끌었다. 몇 년 전 많은 주식투자의 이목을 끌었던 '남북경협 관련주'도 테마주라고 볼 수 있다. 이렇듯 헤아릴 수 없을 정도로 많은 테마주가 수시로 등장하는데, 테마주가 나타날 때마다 강도의 차이는 있겠지만 급등과 급락의 유형이 엇비슷하게 나타난다. 급등과 급락이 비슷하다는 말은 테마주에서 처음 수익을 내본 투자자가 다음 테마주에서도 수익을 낼 확률이 높다는 의미다. 따라서 하나의 테마주를 통해 수익을 낸 경험이 있다면, 다른 테마주에도 그 경험을 적용할 수 있다.

나는 단기매매나 중장기투자를 비롯하여 테마주에서의 수익모형 등 여러 가지 수익 창출 모형을 갖고 있다. 시시각각 변하는 주식시장의 상황과 분위기에 따라 내가 알고 있는 수익모형을 적절히 적용해 활용한다. 수익을 낸 경험이 축적되어 데이터화되었기에 가능한 일이다. 수익 창출 모델을 여러 개 갖고 있으면 '어떤 장이 펼쳐지더라도 수익을 낼 수 있다!'는 자신감이 생긴다. 주식투자자에게 있어 자신감의 유무는 수익과 손실을 결정짓는 중요한 자질이 되기도 한다.

나뿐만 아니라 주식투자로 어느 정도 수익을 냈다는 분들의 공통점은 저마다 '주식투자 필살기, 생존전략'을 갖고 있다. 이 책을 읽는 여러분도 자신의 여건, 투자금액, 상황 등에 맞는 생존전략 갖추기가 반드시 선행되어야 한다. 스스로 자신만의 생존전략을 짜고 필살기를 갖추어야 살아남는다. 지금은 각자도생의 시대다. 생존이 달린 문제라고 생각해야 한다. 만약 주식투자를 시작한 지 몇 년이 지났음에도 수익을 내는 생존전략이 없다면 다른 걸 모두 멈추고 필살기를 갖추기 위한 노력부터 해나가야 한다.

📊 생존전략, 필살기

생명이 있는 자연만물은 모두 살아남기 위한 생존전략을 갖추고 있다. 많은 식물들이 극단적인 자연환경에 노출되더라도 잘 견딜 수 있는 자생력을 갖추고 있으며, 힘이 미약한 동물도 자신만의 특화된 생존전략을 펼침으로써 종족을 보존한다. 가령, 뜨거운 사막에 사는 딱정벌레는 하늘 날기를 포기하는 대신에 그렇게 퇴화된 날개를 뜨거운 태양을 가리는 껍질로 활용한다. 살기 위하여 자신의 주요 장점인 하늘 날기를 기꺼이 포기하고 다른 생존전략을 선택하는 것이다. 살아남아 생존하고 종족 보존이라는 사명을 위하여 최선을 다하는 것이다.

주식투자자인 우리가 시장에서 살아남는 유일한 방법은 이것도 저것도 아닌 수익 실현이다. 수익이 잘 나오면 주식투자를 안 할 이유가 없다. 혹여 주식투자를 하면서 욕심이 너무 많이 들어갔거나 실수 또는 공부가 부족하여 손실을 경험한 분들은 주식투자가 몹쓸 일이라고 폄하하며 시장을 떠나기도 한다. 이런 분들은 자신의 잘못을 쉽게 인정하지 않는다. 그러나 수익이 나면 모든 게 용서가 된다. 우리가 이 달콤한 시장에서 지속적으로 꿀을 얻는 방법을 배우고 알아야 할 텐데, 나는 이를 '생존전략 갖추기'라고 말한다. 고수들은 저마다 나름의 필살기를 갖추고 자신의 주식투자에 실천함으로써 수익을 거둔다.

그런데 투자자가 주식시장에서 살아남는 생존전략 방법은 한두 가지가 아니라 여러 가지가 있다. 상황과 여건에 따라 생존전략이 달라질 수 있다는 이야기다. 예컨대 단기투자냐 중장기투자냐에 따라서, 그리고 직장인인지 전업투자자인지에 따라서 우리가 선택해야 할 전략이 달라질 수 있다.

어떤 분들은 자기가 주식을 사기만 하면 항상 떨어진다고 말한다. 이런 분들은 자신의 습관을 냉정하게 점검할 필요가 있다. 왜 자신이 주식만 사면 떨어질까? 여기에는 스스로도 잘 아는, 일반적인 원칙에서 벗어난 습관이 관여하고 있을 확률이 높다. 냉정히 진단하여 살펴본 후 나쁜 매매습관이나 고칠 점이 있다면 과감하게 잘라내야 한다.

17

수익모형은 하나만 있는 게 아니다

해마다 많은 사람들이 주식투자에 새롭게 입문하지만, 잘 버티어내고 오랫동안 이 세계에서 머무는 사람은 생각보다 드물다. 주식시장에서 투자자로 남느냐 또는 초라한 빈손으로 시장을 떠나느냐의 기준은 수익을 내느냐 마느냐의 여부에 달려 있다고 말해도 과언이 아니다. 우리가 주식투자를 하는 이유와 목적은 수익을 냄으로써 돈을 벌기 위함이다.

물론 주식투자에서 꾸준히 수익을 거두고 오래 살아남는다는 것은 생각보다 힘든 일이다. 나는 지금까지 총 주식투자 기간 34년, 그중 전업투자자로 20년 이상 생활해왔다. 그리고 꾸준한 수익을 내기 위하여 엄청난 노력을 기울였다. 지금은 개인투자자 인구가 700만 시대라고 알려져 있는데, 700만 투자자의 성향은 모두 제각각이고 투자에 입문한 이후의 경험이나 투자 기간도 저마다 다르다. 그런데 주식투자를 오래했다고 해서 꼭 잘하는 건 아니다. 투자 경력이 5~10년이 넘었더라도 투자 과실이 잦고 수익률이 변변치 않으면 '주린이'라 불리는 초보 주식투자자와 다를 바가 없다. 한마디로 주식투자를 비롯한 금융투자에서는 수익이 투자의 이유이고 최고로 추구하는 가치가 된다.

투자자의 모습이 각양각색인 것처럼 주식투자를 할 수 있는 환경도 제각각일 것이다. 간혹 초청의 형식으로 오픈된 장소에서 대면 강의를 할 때가 있다. 많을 때에는 일주일에 3~4회 강연을 나간다. 강연장에 모인 수많은 사람들 앞에서 내가 경험하고 느낀 주식투자에 대해 강연하고 투자 조언을 하는데, 강연을 할 때마다 빼먹지 않고 강조하는 말이 있다. '각자 자신에게 맞는 투자방법을 찾으라'고 말하면서 '주식투자 시 수익이 나는 모형이나 모델은 한 가지만 있는 게 아니다'라고 말씀 드린다. 이 말은 자신에게 맞는 투자 수익모형을 찾으라는 말과 같다.

주식투자자는 저마다 성향이 다르고 투자금액이나 환경도 모두 다르다고 했다. 남들이 알려주는 주식투자 수익모델이 누구에게나 맞는 것도 아니다.

자신의 상황이나 성향에 알맞은 투자 수익모형이 있게 마련이다. 바로 그 모형을 찾는 것이 급선무다. 나에게 맞는 수익모형은 수많은 매매 경험으로 얻어지는 경우가 대부분이다. 여기에는 말로 설명하기 힘든 경험이나 일종의 감각, 그리고 느낌까지도 포함된다.

만약 여러분의 투자대상이 분명하게 정해졌다면 이에 걸맞은 투자 포지션을 취해야 한다. 소위 말하는 우량주 투자, 가치주 투자, 성장주 투자를 강조하는 사람들은 그 방법으로 수익을 낸 경험이 있기 때문에 자기 경험에 비추어 그런 방법을 추천한다. 그런데 시장 상황이 장기간 하락하거나 횡보하여 그 결과 가치주나 우량주 투자로 수익 내기가 어려워지면, 이런 투자를 강조했던 사람들의 이야기가 쏙 들어간다. 자신이 수익을 낸 모델이 그 방법인 까닭에 시장이 전혀 다른 상황으로 전개되면 그 방법이 안 통하는 것이다. 충분히 다른 수익모형이 있음에도 불구하고 방법을 몰라 손실을 보는 경우가 많다.

📊 단기투자, 중장기투자에서의 수익모형

잠시 실전 투자대회 이야기를 조금 해보겠다. 주식 좀 해보았다는 선수가 거의 대부분이 참여하는 대회다. 실전 투자대회에서는 주로 단기매매로 수익을 기대한다. 그런데 이 매매법에 익숙한 사람은 큰 그림을 볼 줄 모르는 경우가 많다. 미국 주식시장과의 연관성이라든가, 시장 중심주에 관심을 가져야 하는 이유나 전략을 잘 모르는 분들이 많다. 수준급 단타 투자자들은 보는 종목이 거의 비슷하다. 그래서 단기투자 노하우라는 것 역시 방법은 거의 비슷하다고 보면 될 것이다. 단타는 시세차익을 얻는 일이다. 따라서 어떤 종목을 언제 들어가느냐가 핵심이다.

단기투자의 경우 짧은 기간 안에 큰 수익을 얻는 기회가 되기도 하지만, 다른 투자법보다 리스크가 상당히 높다는 점도 염두에 두어야 한다. 큰돈을 짧은 시간 동안 투자하는 사람들 중에는 하루에도 몇 억 원씩 벌기도 하고 몇 억을 잃기도 한다. 단기투자에 대한 나의 정의는 '가장 쉬우면서 가장 어렵다'라는 말로 요약할 수 있다. 특히 쉽게 고쳐지지 않거나 극복할 수 없는 나쁜 습관이 있다면 단기투자가 독이 될 수 있다. 단기투자의 수익모형은 뉴스와 이슈에 민감하게 반응하는 종목에 투자하는 것이 효과적인데, 변동성이 커서 리스크가 높지만 큰 수익을 기대할 수 있다. 단기투자 시 우리가 살펴봐야 할 것은 패턴형(N형), 양음양(+-+) 등이 있다. 자세한 내용은 3장에서 다시 기술한다(190~192쪽 참고).

그리고 중장기투자의 수익모형을 간략히 소개하면, 일반적으로 시대 중심주, 대형주 위주의 투자를 의미한다. 주식투자자가 살펴야 하는 내용은 골든크로스가 발생하면 매수, 데드크로스가 발생하면 매도라는 원칙이다. 중장기투자에서는 이를 가장 기본 원칙으로 삼는다. 이 역시 상세한 내용은 3장을 참고하기 바란다.

어떤 분들은 단기투자를 멀리하고 중장기투자에서 수익을 노리는 것이 현명한 투자라고 강조한다. 그러나 이 역시 완벽한 정답이 될 수 없다. 나는 상황이나 경우에 따라 중장기투자 계좌에서 수익이 정체될 때, 단기투자 계좌에서 큰 수익을 남기기도 한다. 물론 반대의 경우도 있고, 둘 다 큰 수익이 나는 경우도 있다.

주식시장에서 산전수전 겪었고, 증권사가 주최하는 여러 투자대회에서 5회 이상 수상함으로써 최고의 단기매매 실력을 인정받은 나의 투자 경험을 상황에 맞게 두루 적용할 수 있다. 나는 우리나라 주식시장에서 살아남을 수 있는 몇 가지 필살기를 갖추고 있다. 이런 이야기를 자랑 삼아 말하는 게 아니다. 앞서 말한 다양한 투자 패턴을 루틴화하여 몸에 익혀야 하는 중요성에 대하여 강조하려는 것이다. 그래야만 단기매매든 중장기투자든 상황과 여건에 따라 대응이 가능해진다.

각종 언론에 소개된 남석관

넘치는 돈 어디로 흐르나... 재야고수가 찜한 투자 한 수
〈매경이코노미〉 2020년 7월 12일
http://news.mk.co.kr/v2/economy/view.php?year=2020&no=706060

'주린이'인가요? 배당 · 가치 · 성장성 살펴 '나만의 스타일' 찾으세요
〈한겨레〉 2020년 5월 31일http://www.hani.co.kr/arti/economy/economy_general/947284.html

흙수저 투자신화 "주식은 공평, 도전하라"
〈머니투데이〉 2019년 11월 27일
https://news.mt.co.kr/mtview.php?no=2019112608153565439&type=1

재야 주식고수 개인투자자의 전설 남석관의 노하우
〈주간조선〉 2019년 10월 14일
http://weekly.chosun.com/client/news/viw.asp?nNewsNumb=002578100016&ctcd=C05

〈채널A〉 리와인드 방송 출연 2019년 11월 27일
한국의 워런 버핏으로 불리는 남석관 대표가 출연한다. 11월 27일 밤 9시 50분에 방송되는 채널A
〈리와인드-시간을 달리는 게임(이하 '리와인드')〉에서는 1998년으로 돌아간 '리와인드' 멤버들과 탑
골스타 팀(현진영 X 성대현 X 김정남)의 치열한 투자 대결이 펼쳐진다. 1998년 머니게임 대결 주제
는 '종잣돈으로 1년 만에 인생역전'이다. 1998년 주식 시장은 IMF 금융위기 여파로 불황이 계속되었
지만 '기회의 주'로 불리며 급부상한 종목인 IT기업에 대한 투자는 이어졌다.

게스트로 출연한 성대현은 "나만 믿어라. 저 당시 나는 전문 주식인이었다"며 과한 자신감을 내비
쳤는데, 알고 보니 성대현은 Ref로 번 돈을 몽땅 주식에 투자했다가 95% 이상을 잃었던 슬픈 전적
이 있던 것. 이번 화에서는 주식으로 단맛과 쓴맛을 모두 봤다는 성대현의 눈물 없이 볼 수 없는 짠
내 투자 스토리가 공개될 예정이다.

이날 스튜디오에는 개인 투자자의 전설이자, '개미 왕'으로 불리는 남석관 전문가가 출연한다. '리
와인드'에 나타난 워런 버핏 급의 주식 거물이 등장하자 녹화 후 남석관 전문가의 대기실에는 고급
정보를 얻기 위해 인산인해를 이뤘다는 후문이다.

3장

실전 주식투자로
부자 되기

우리가 주식투자를 하는 목적은 단순명쾌합니다. 수익을 실현하여 돈을 벌기 위함입니다. 3장에서는 주식투자자가 실전 주식투자에서 수익을 내도록 돕는 실질적, 효과적인 주요 정보들이 실려 있습니다. 어쩌면 이 책의 백미라고 말할 수도 있습니다. 주식투자로 부자가 되기를 희망하는 독자 여러분이라면, 저자가 제시하는 3장의 내용을 읽고 자신의 주식투자에 적극적으로 반영하시기를 바랍니다. 특히 저자가 오랜 시간 주식투자를 하며 깨달은 '정보의 지연반응 효과'이론이나 '잘못된 투자습관 고치기', 그리고 2장에서도 언급했던 '나름의 수익모형 갖추기' 내용도 주목할 필요가 있습니다.

쌀 때 미리 사두어라, 선취매

우리가 주식투자를 하는 목적은 누가 뭐라고 해도 딱 한 가지, 수익을 내기 위함이다. 그리고 수익을 얻도록 해주는 매개 역할은 당연히 주식이다. 세상은 급격히 변하며 이를 반영한 주식시장 또한 변동성이 매우 크다. 주식시장에 상장되어 투자자들의 관심을 받는 종목들은 시대에 따라 달라지곤 한다.

즉, 트렌드와 시대정신에 맞는 기업이 항상 시장에 있다는 이야기다. 당연한 이야기지만 주식투자에서 가장 중요한 행위가 있다면 '어떤 주식을 어떤 가격에 매수할지 결정'하는 일이 될 것이다.

주식투자자라면 어떤 주식을 사야 수익을 거둘 수 있을까? 여기서 선취매(先取買)의 중요성에 대해 살펴볼 차례가 된 것 같다. 선취매란 '주식가격이 상승하기 전에 미리 매수한다'는 뜻으로, 한자 그대로 해석하면 '미리 취하여 산다'는 의미라고 이해할 수 있다.

성공적인 주식투자의 첫 걸음은 오를 것으로 보이는 주식을 미리 사는 것(선취매)이다!

누구나 주식을 살 수는 있다. 하지만 앞으로 오를 주식을 매수해야 우리가 그토록 바라는 수익으로 이어질 확률이 높다. 그렇다면 올라갈 주식을 어떻게 알아볼 수 있을까? 미래에 오를 주식을 알아보는 안목은 충분한 경험을 통해 갖추어지는 일이다. 더군다나 내가 매수할 주식가격의 수준이 적정한지의 여부도 잘 판단할 수 있어야 한다.

　나의 투자 경험과 결론을 바탕으로 여러 강의를 통해 강조해온 방법(어쩌면 가장 쉬운 방법)이 있다. '여름 주식은 겨울에 사고, 겨울 주식은 여름에 사는 것'이다. 이것이 선취매의 기본이다. 선취매는 옛날 장사꾼들이 겨울철에 우비를 만들었다가 여름에 되파는 일과 비슷한 개념이라고 생각하면 쉽다. 주식투자에서 선취매의 개념과 핵심은 간단하다. 기업이 향후 성장, 발전 가능성이 높고 지금보다 분명히 더 좋아질 거라는 믿음이 있으면 된다. 그 기업이 좋아질 거라는 확신이 바로 매수 포인트다. 다만 성장과 발전 가능성이 아무리 높더라도 주가에 이미 크게 반영된 주식은 선취매 대상에서 좀 더 각별히 신경 써야 하는 주의가 필요하다. 주식의 미래 가능성 대비 가격이 적정한지, 많이 비싼지의 여부는 그래프를 통해 가늠할 수 있다.

물론 선취매에서도 리스크가 존재한다. 선취매 리스크는 일반적으로 주식투자에서 나타나는 리스크와 공통적이다. 선취매든 일반 주식 매매든 매수 당시 오를 것으로 예상했으나, 생각지도 못한 리스크가 발생할 수 있다. 매수한 주식의 기업이 유상증자(자본 확충)를 발표한다든가, 나쁜 기업 실적이 공개된다든가, 예기치 않은 시장 리스크(세계적인 경제 불황)가 발생하는 일 등이 선취매와 일반 주식투자의 공통된 리스크다. 물론 이런 리스크 외에도 투자자가 싸다고 판단하여 선취매한 주식이 더 떨어지는 일도 가끔씩 발생할 수 있는데, 이 경우는 주가를 끌어올릴 것으로 기대했던 이벤트가 취소되거나 연기되는 일, 또 예측했던 상황이 변하는 데에서 발생하는 일이다.

가령, 한여름 무척 더울 것으로 예상했지만 기상이변으로 덥지 않은 여름이 진행된다면 더위 관련주(에어컨, 선풍기, 아이스크림 등)를 선취매했더라도 손실을 볼 수 있다. 간혹 여름이 다 끝나가는 데도 여름 관련주를 매수해도 괜찮은지를 묻는 분도 있다. 이는 초보 '주린이'가 아니더라도 어느 정도 주식투자 경험이 있는 분들도 종종 묻는 질문이기도 하다. 필자의 한 지인은 2020년 여름, 무려 50일에 가까운 지루한 장마가 이어져 거의 여름이 끝날 무렵임에도 여름철 관련주를 매수해도 되는지를 물었다. 나는 단호하게 '아니오!'라고 대답하면서 마음이 답답해졌다.

가끔씩 우리가 예측할 수 없는 상황이 전개되어 선취매를 하게 된 본래의 목적이 퇴색할 수도 있지만, 어쨌거나 주식투자에서 매수를 할 때 큰 줄기 중 하나가 선취매라고 보면 될 것 같다. 앞서 밝혔듯이 나는 신문이나 뉴스를 통해 알게 된 오픈된 정보를 틈틈이 메모한다. 예컨대 어떤 기업의 3분기 실적이 좋을 것 같다는 뉴스, 어떤 기업의 신규 상장(IPO)이 언제 예정되어 있으며, 많은 지분을 보유한 실체가 누구라는 소식 등을 허투루 흘려듣지 않는다. 이런 정보가 내 계좌의 수익을 불려주기 때문이다.

이런 정보와 뉴스, 그리고 다년간의 투자 경험을 토대로 한두 계절 앞서 선취매를 하면 대부분 괜찮은 수익을 거둘 수 있을 것이다.

시계열 분석의 활용

시계열 분석이란 주로 계량경제학에서 많이 쓰는 용어다. 시간변수의 흐름에 따른 종속변수의 움직임을 이해, 예측하는 것을 목표로 하는 분석법이다. 투자자가 이처럼 어려운 이야기까지 알고 있을 필요는 없겠지만….

시계열 분석은 선취매와 매우 깊은 연관이 있다. 따라서 선취매를 쉽게 설명하기 위해 시계열 분석이라는 용어를 차용했음을 미리 밝히는 바이다.

실전 투자에서 어떤 사건이나 상황이 발생했을 때, 시간이 지남에 따라 어떤 파급 효과가 전개될지를 한 발 앞서 예측하고 거기에 맞는 종목을 미리 매수하자는 의미로 이해하면 좋을 것 같다. 지금도 우리를 괴롭히는 코로나19 사태를 사례로 들어 설명하면 아래처럼 정리할 수 있다.

코로나19 사태 초기를 모두 기억할 것이다. 질병 발생 초기에는 누구도 이 질병이 전 세계로 퍼질 것으로 예상하지 못했다. 단순히 주식시장에서는 수요가 급격히 높아진 마스크 관련주 등에서 잠시 오르는 모습을 보였다. 그러나 시간이 지나고 이 사태가 국제적인 대응이 필요한 '팬데믹' 현상으로 치달으며 사태가 심상찮게 돌아가자, 코로나 확진 여부를 진단하는 진단키트 관련 주식의 경우 10배 안팎의 큰 오름세를 보였다.

이와 같은 사건이 발생했을 때 우리가 그 사건의 파급력을 미리 예측할 수 있다면, 큰 수익을 거둘 수 있다. 물론 이런 사건의 결과를 예측하는 개인의 능력이나 예측 범위에 한계가 있기는 할 것이다.

또 다른 예로 ICT 분야의 기술개발 이슈도 마찬가지다. 우리가 전기차 이야기에 대해서는 오래전부터 익히 들어왔다. 그런데 삼성 SDI, LG화학 등의 주가는 2020년 11월 기준으로 크게 올라 있는데, 이들의 주가는 역사상 최고치를 계속 갱신 중이다. 2차전지 이야기는 3~4년 전부터 전도유망한 분야라고 회자되었으나, 지금까지 파급력을 유지하고 있다. 우리나라 2차전지의 대장주라 할 만한 삼성 SDI와 LG화학은 2020년 3월 이후(코로나19 사태에도 불구하고, 대표적인 전기차 테슬라의 본격 판매가 이루어지면서) 급등세를 타기 시작했다.

위의 사례에서 알 수 있듯이 투자자는 어떤 사건, 이슈에 대한 상황의 확장성과 기업의 성장성에 관심을 가져야 한다. 이런 관심이 투자 혜안으로 이어져 수익으로 돌아오기 때문이다. 또한 투자자라면 내가 어떤 곳에 투자해야 돈이 더 커질지 가늠하는 예측력도 지녀야 한다. 다른 말로 하자면 내 돈이 커지는 상상력이 필요하다는 말이다.

나의 또 다른 오랜 습관 중 하나는 어떤 사건이나 이슈가 발생했을 때 이를 예의주시하는 일이다. 그리고 어떤 사건과 이슈가 앞으로 우리가 사는 세상에 어떤 파장을 미치고 얼마나 확장될지를 상상한다. 정리하면, 어떤 사건이 발생하면 시야를 넓혀서 그 사건이 얼마나 확장되어 주식시장에 어떤 영향을 미칠지 예측하고 관찰하자는 말이다. 시간변수 흐름에 따른 종속변수의 움직임을 이해하는 일(시계열 분석의 활용!)이 주식투자에서 무척 중요하다는 점을 강조하고 싶다. 즉, 시계열 분석을 통한 주식투자를 염두에 두자는 이야기다.

때로는 적당한 베팅도 필요하다

예나 지금이나 주식투자를 바라보는 사람들의 시선은 크게 두 가지다. 어떤 사람은 주식투자를 건전한 투자 행위로 보는 반면, 한편에서는 주식투자를 투기의 한 가지 형태로 여기기도 한다. 그런데 현재 주식시장에 들어온 참여자들은 과거의 참여자들보다 훨씬 스마트하고 합리적이어서 예전처럼 주식투자를 곱지 않은 투기적인 시선으로 바라보지는 않아도 될 것 같다.

한편으로는 '투자'와 '투기'의 경계선에 주식투자가 놓여 있다고 말해도 결코 이상한 말이 아니다. 주식투자자들은 단기간에 급등하는 종목이나 섹터에 관심을 갖게 마련인데, 어떤 사건 또는 이슈가 발생함으로써 특정 종목이나 종목군에서 급격한 상승세가 나타나면 그때부터는 해당 주식이 정상적인 기업의 내재가치나 실적을 훨씬 뛰어넘는 과열 양상이 나타난다. 그리고 투자가 아닌 투기적인 종목으로 바뀌게 된다.

우리가 아무리 가치 투자를 추구하는 투자자라 할지라도 투기적인 종목의 유혹에 흔들리지 않을 수는 없다. 그것이 현실이다.

만약 우리의 투자습관이나 형태가 너무 한쪽으로만, 특히 투기적인 쪽으로 집중적으로 쏠려 있다면 이는 올바른 주식투자자의 자세가 아닐 것이다. 투기성이 강한 종목의 경우 투자자가 감수해야 할 리스크가 훨씬 크다는 사실을 알고는 있어야 한다.

나는 '주식투자가 투자인가, 투기인가?'라는 질문에 '이는 투자자의 선택에 따라 답이 달라진다, 투자자의 몫이다'라고 말한다. 리스크가 큰 투기적인 종목을 매수하면 투기, 오로지 우량한 주식투자에만 관심이 있다면 투자가 된다. 수익에 대한 기대치가 높으면 위험이 크고, 안정적인 기대치를 원할 경우 위험이 낮다. 그런데 낮은 수익률을 기꺼이 감수하면서 안정적인 주식에 투자했을지라도 결과적으로 큰 손실을 볼 수도 있는 것이 주식투자다. 이는 주식이 가진 특징이기도 하다. 어쨌든 '주식투자가 투자다, 투기다'라는 이야기를 정확히 구분해 선을 그을 필요는 없다고 생각한다. 때로는 리스크가 좀 높더라도 투기적인 종목에 투자하는 경우도 있다. 여기서 강조하고 싶은 말은 투자냐, 투기냐 하는 이분법에 얽매일 필요가 없다는 것이다. 어떤 방법을 취하든 주식투자자가 냉정함을 유지하고 그 결과에 대해 스스로 책임질 줄 알면 그만이다.

만약 우리가 너무 가치에 치중한 투자만 함으로써 수익률이 기대 이하의 모습을 보인다면 어찌할 것인가? 주식투자에서 이런 선택이 매우 흔히 벌어진다. 이처럼 수익률이 안 좋을 때에는 수익률을 높이기 위하여 과감한 투자 결정을 내릴 줄도 알아야 한다. 나 역시 마찬가지다. 위험을 조금도 감수하지 않으려면, 그리고 돈에 대한 욕심이 없다면 주식투자를 굳이 할 필요가 없다고 생각한다. 그렇다고 무조건 투기성이 강한 종목에 투자하라는 말이 아니니 오해 없기를 바란다. 주식투자는 처음부터 마지막까지 모든 의사결정을 투자자 자신이 내려야 한다. 당연히 결과에 대한 책임도 투자자 스스로 지는 것이다.

투자든 투기든 적당히 둘을 섞든 모든 선택은 투자자의 몫이다. 주식투자는 경우에 따라 투자일 수도 투기일 수도 있다. 투자라고 모두 이익이 될 수 없고, 투기라고 모두 손해가 되지도 않는다. 서로 장단점이 있게 마련이다. 둘 간의 경계가 모호하지만 상황이나 경우에 따라 두 행위를 적절히 시도할 줄 알아야 현명한 주식투자자라고 할 수 있겠다.

04

정보의 비대칭성을 두려워 마라

정보의 비대칭성이란 '특정 사람이 다른 사람보다 더 많은 정보를 갖고 있음'을 의미한다. 그렇다면 '주식투자에서 정보의 비대칭성'이라 함은 무엇일까? 이는 주식시장에 들어와 있는 참여자들(즉 개인투자자, 기관, 외국인투자) 중 개인투자자가 기관이나 외국인 투자자보다 정보에 뒤진다고 생각하는 것을 뜻한다. 다른 말로 비유하자면 '기울어진 운동장'이라고 부를 수 있겠다.

주위를 둘러보면, 특히 개인투자자들의 경우 정보에 뒤진 자신의 위치가 남들보다 매우 불리하다고 생각하는 것 같다. 늘 불리한 게임을 하니까 수익보다 손실이 많이 난다고 생각하는 것이다. 그러나 주식투자 시 정보의 비대칭성을 너무 의식하거나 손해라고 생각할 필요는 없다. 그 이야기를 차근차근 풀어나가려 한다.

우리는 누구나 아는 지나간 정보 또는 공개된 정보를 이용함으로써 얼마든지 주식투자를 할 수 있다. 그리고 당연히 수익을 낼 수도 있다. 그것이 나의 지론이다. 대표적인 사례가 기업공개(IPO, 신규 상장)다. 요즘은 누구나 실시간으로 인터넷에 접속하여 자신이 원하는 정보나 이미 오픈된 정보를 손쉽게 얻을 수 있는 세상이다. 믿기 어렵겠지만 이미 지나간 정보와 오픈된 정보를 가지고 선취매를 할 수도 있다.

또 하나의 사례를 소개하면, 어떤 뉴스나 이슈의 영향으로 급등했던 종목이 이후 조정(하락)을 거친 후에도 수익이 날 기회는 얼마든지 있다. 급등 후 조정을 거친 후에도 이미 지나간 정보를 역이용하여 매수함으로써 수익을 내는 것이다. 이 또한 사람들이 잘 모르는 전략 중 하나라고 말하고 싶다. 일반 투자자 대부분은 자신이 늘 정보에 뒤져 있다고 생각하지만, 내가 볼 땐 고정관념이라고 생각한다.

이 시간에도 많은 투자자가 남들이 모르는, 나만 아는 고급 정보를 찾기에 열심이다. 그런 정보를 알아야 주식투자에서 성공할 거라고 믿는다. 그러나 잘 생각해보자. 아무도 모르는 고급 정보가 나에게 올 이유도 없고, 그럴 확률도 낮다. 건전하고 현실적인 생각은 지나간 정보, 오픈된 정보를 충실히 적절히 이용하여 수익을 올리는 일이다. 고급 정보라는 것들이 정말로 도움 되었던 적이 있는지 뒤돌아보기 바란다. 고급 정보란 것들 대부분, 아니 거의 100% 거짓 정보였을 것이다.

합리적인 투자를 하고 싶다면 고급 정보라는 이름 뒤에 숨은 거짓 정보에 속지 말아야 한다. 나는 평생 주식투자를 하면서 고급 정보라는 것을 지금까지 단 한 번도 받아본 기억이 없다. 오로지 남들도 다 아는 오픈된 정보를 공부하고 익혀 나의 투자에 적용했을 뿐이다. 그러면서도 남들이 부러워할 만한 수익을 만들어냈다. 내가 이렇게 책을 쓰는 이유도 마찬가지다. 누구나 아는, 공개된 정보일지라도 충분히 투자 기회가 된다는 것을 강조하고 싶다.

'아무도 모르게 작전하는 세력이 있으니 들어와라. 단기간에 몇 백% 수익을 내준다'는 스팸문자가 범람하는 시대에 주식투자자가 주의해야 할 사항이 하나 더 늘었다. 이처럼 달콤한 속삭임은 100% 거짓말이다!

내가 그동안 여러 실전 투자대회에서 좋은 성적을 거두었을 때에도, 정보란 것에 크게 의존하지 않았다. 혹시 필요한 정보가 있다면 지나간 정보, 남들도 모두 아는 정보를 적절하게 활용했을 뿐이다. 고급 정보를 알아야만 주식할 수 있다는 편견에서 벗어나자. 결국 고급 정보란 것들이 일반 투자자에게까지 갈 리 만무하다. 그런 정보를 받았다면 이미 고급 정보가 아니거나 거짓 정보 둘 중 하나다. 그러니까 일반 투자자는 자신에게 주어진 환경 속에서 늘 이성적인 투자를 해야 한다. 유튜브, 블로그, 스팸 문자 등에서 고급 정보라고 유혹하는 거짓 정보를 '소가 닭 보듯이' 하기를 바란다.

05

'정보의 지연반응 효과' 이론

주식투자를 하면서 가장 많이 듣는 말이 '정보'일 것이다. 전 세계 거의 모든 주식투자는 이 순간에도 돈이 될 만한 고급 정보를 얻기 위해 혈안이 되어 있을 것으로 생각한다. '정보'가 곧 '돈'이라는 인식이 대부분의 투자자들 머릿속에 각인되어 있다. 필자가 자주 사용하는 '오픈된 정보를 이용한 주식투자' 방법을 소개하려는데, 다름 아닌 '정보의 지연반응 효과' 이론이다. 주식시장에서는 이 이론이 적용되는 상황이 매우 빈번하게 나타나며, 따라서 주식투자자가 '정보의 지연반응 효과'이론을 알고 있으면 유용하게 써먹을 수 있다고 생각한다.

원래 '정보의 지연반응 효과' 이론은 독립적인 이론이 아닌, '효율적 시장가설(Efficient Market Hypothesis: EMH)' 이론으로 설명할 수 없는 부분 또는 이를 반박하고자 만들어진 반론(反論)이다. 따라서 '효율적 시장가설'에 대한 이해가 선행되어야 한다.

'효율적 시장가설'은 '현재의 주식가격에 시장의 모든 정보가 반영되어 있다'는 뜻이다. 즉, 어떤 주식투자자라도 이용 가능한 정보를 기초로 한 거래에서 초과적인 수익을 얻기 힘들다는 이야기다. 그런데 정말로 효율적 시장가설이 실제 상황에서 정확히 구현된다면, 필자와 같은 슈퍼개미가 절대 나타날 수 없다는 모순이 발생한다. 이를 어떻게 설명할까?

2013년 노벨경제학상을 수상한 미국 시카고 대학교 교수 유진 파마(Eugene Fama)가 주창한 효율적 시장가설은 시장이 효율적이기 때문에 우리가 알게 된 정보가 이미 주가에 반영되었고, 그 결과 주식투자자의 예측에 영향을 준 정보로 인한 가격의 변화가 발생하지 않을 것이라고 본다. 그러나 효율적 시장가설은 실제 주식시장에서 항상 동일하게 적용되지 않는다. 효율적 시장가설을 반박하는 이론이 '정보의 지연반응 효과'다. 대표적인 사례가 '실적공시에 대한 주가의 지연반응'이다.

'실적공시에 대한 주가의 지연반응 효과'란 '시장의 예상치보다 높은 실적을 공시한 기업의 주가가 공시 이후에도 상당 기간 상향 표류하며 누적 초과 수익을 기록하는 현상'을 말한다.

만약 어떤 기업이 예측하지 못한 어닝 서프라이즈(Earning Surprise)를 기록했다고 해보자. 이 경우 효율적 시장가설에 따르면, 이 정보는 즉시 가격에 반영되어야 한다. 그러나 실제 주식시장에서는 그렇지 않다. 어닝 서프라이즈 소식이 전해진 날, 주가는 당일 상승한 이후에도 꾸준히 추가 상승하는 기업을 적잖게 볼 수 있다. 이는 호재공시 또한 마찬가지다. 예측하지 못한 호재공시가 발표될 경우 주가는 당일 가격을 반영하지 않고 다음 날 역시 상승하거나 표류 후 꾸준히 상승하는 모습을 쉽게 찾아볼 수 있다.

　반대로 어닝 쇼크(Earning Shock)나 악재공시도 주가에 며칠 동안 지연되어 반응한다. 어닝 쇼크나 악재공시가 나타날 경우 이런 정보 역시 짧은 시간, 한꺼번에 모두 반영되지 않는다. 시간이 지날수록 주가가 더 떨어진다. 최근의 사례로는 유바이오로직스가 대표적이다. 유바이오로직스는 2020년 10월 12일 장 마감 후 주주배정 유상증자를 실시한다고 공시했다. 그리고 다음 날인 13일의 주가는 10.72% 하락한 19,150원에 마감했다. 하지만 그 다음 날 역시 주가가 떨어져 18,700원에 마감했고, 10월 20일 기준 종가는 17,600원으로 계속 하향 표류했다.

그런데 여기서 우리가 유의해야 할 것이 있다. 기업의 예상 실적이 잘 나오는 것과 '어닝 서프라이즈'는 엄연히 차이가 있다. 어닝 서프라이즈는 모두의 예상 기대치를 넘는 놀라운 실적이 나온다는 이야기다. 반면에 모두가 예상 가능한 것은 이에 적용되지 않는다. 따라서 이는 실적공시에 대한 주가 지연반응 효과와 구별해야 한다. 가령, 어떤 기업의 실적이 좋을 것을 모두 안다고 가정해보자. 대부분의 주식투자자들은 뉴스 등의 정보를 통해 어떤 기업의 실적이 좋을 것으로 기대된다면 사전에 매수하기 마련이고 해당 기업의 주가는 실적 발표 때에 이르러서는 이미 많이 상승해 있다. 실제로 실적을 발표하는 날 주가는 상승하지 않는 경우가 많고, 오히려 차익 실현 매물이 나와 때로는 급락하는 일도 발생한다. 대표적인 사례가 1장에서 소개한 씨젠이다(65~67쪽 참고).

씨젠은 2020년 8월 13일 장마감 후 실적을 공시했다. 씨젠의 2분기 연결기준 매출액 2,748억 원, 영업이익 1,690억 원, 순이익 1,214억 원을 기록하며 역대 최고 실적을 달성했다. 1~2분기를 합친 상반기 매출액은 3,566억 원, 영업이익 2,087억 원, 순이익 1,653억 원이었다. 그야말로 놀라운 실적을 공시했지만 2020년 8월 14일의 주가는 무려 19.11% 하락한 221,400원에 마감했다.

위의 사례에서 보듯이 모두가 실적이 좋을 거라고 예측할 경우, 그런 뉴스가 발표될 경우, 호재는 더 이상 호재가 아닌 게 된다. 따라서 이런 경우에는 실적 발표 전 또는 실적이 발표됨과 동시에 매도해야 한다.

06

'정보의 지연반응 효과'를 활용한 투자

'정보의 지연반응 효과'를 잘 써먹기 위해 효율적 시장가설을 알아 두는 것도 나쁠 건 없다. 이 가설은 시장에 적용되는 정보의 크기와 범위에 따라 크게 세 가지로 구분할 수 있다. 그러니까 시장에 어떤 정보가 반영되는가에 따라 범위가 나뉜다. 이를 한 가지씩 간추려 정리하면, ① 과거의 모든 정보가 시장에 반영되는 경우 '약형 효율적 시장가설'(Weak-form)이다. ② 공개된 정보가 시장에 반영되는 경우라면 '준강형 효율적 시장가설'(Semi strong-form)이다. ③ 비공개 정보를 포함하여 모든 정보가 시장에 반영될 때 '강형 효율적 시장가설(Strong-form)이라고 부른다. 앞서 말했듯이 나 또한 주식투자를 할 때 '정보의 지연반응 효과'이론을 수시로, 가장 많이 적용한다. 대표적인 사례가 〈기생충〉 영화 이야기다. 여기서 나의 투자 경험을 여러분과 공유한다.

📊 영화 〈기생충〉 수상 소식과 실전투자 사례

나는 봉준호 감독이 만든 영화 〈기생충〉이 2019년 5월 칸영화제에서 황금종려상을 받았다는 뉴스를 들은 후, 월요일 아침 상한가에 50만 주를 매수했다. 이와 같은 매수 결정의 근거가 '정보의 지연반응 효과'이론 이다. 이미 온 국민이 알게 된 정보를 이용하여 큰 수익을 거둘 수 있을 거라고 생각했고, 결과는 당초 예상에서 벗어나지 않았다. 이런 뉴스는 주가의 하루 상승에 머물지 않는다. 적어도 2~3일간 상승세를 보일 것으로 예측할 수 있다. 아니나 다를까, 월요일 아침부터 거의 한 주 내내 봉준호 감독과 〈기생충〉에 출연한 배우들, 그리고 주변의 아주 작은 이야기를 다룬 긍정적인 뉴스가 연이어 쏟아졌다.

주변에서 좋은 이야기를 계속 흘려주면, 강력한 후속 매수세가 나타나게 마련이다. 비록 내가 상한가에 매수했더라도 강력한 후속 매수세가 따라올 것임을 알아야 한다. 또 다른 사례로 유한양행이 떠오른다. 나는 몇 년 전, '유한양행이 1.5조 원 규모의 기술수출을 하기로 했다'는 뉴스를 들었다. 당시에도 나는 상한가에 유한양행 주식을 매수했는데, 당연히 후속 매수세가 따라올 것이라는 믿음이 있었고 믿음대로 큰 수익을 경험했다. 실적이 좋은 뉴스, 긍정적인 뉴스는 지속성을 갖는다. 이런 뉴스는 사람들에게 계속 회자

되어 단기성 이벤트로 끝나지 않는데, 만약 이런 뉴스나 오픈된 정보를 들었다면 주가가 적어도 며칠 동안은 상승할 거라고 생각해야 한다. 거꾸로 실적이 나쁜 뉴스나 정보 또한 좋은 뉴스와 마찬가지로 지속성을 갖는다. 주가가 하루만 하락하는 것이 아닌 당분간 계속 떨어질 가능성이 높다고 인지해야 한다.

사례에서도 알 수 있듯이 '정보의 주가 지연반응 효과'는 시간이 흐를수록 연속적인 반응을 불러일으킨다. 이는 세계 주식시장에서도 적용할 수 있다. 우리와 지구 반대편인 미국이나 유럽에서 긍정적인 뉴스와 정보가 공개되면, 주식시장이 열리는 순서에 따라 연쇄적으로 주가 상승을 이끈다. 지구를 한 바퀴 돌고 난 후, 가격이 시장에 모두 반영되었을 것 같지만 그렇지 않다. 오름세의 주가가 지구를 돌며 며칠 동안 전 세계 흐름으로 이어진다. 대표적인 예로 우리나라 외국인 투자자들의 큰 매수가 한 번 발생하면, 며칠 동안 매수세 흐름이 이어지는 것도 이런 이유에서 찾아볼 수 있다. 좋은 정보든 나쁜 정보든 정보의 영향력이 클수록 시장에 미치는 영향도 오랫동안 지속된다.

사례를 하나 더 소개하자면, 전기차 시대의 리더인 미국 기업 '테슬라(tesla)'는 2020년 12월, S&P500 지수에 편입되었다. 관련 뉴스가 S&P500지수에 편입되기 몇 주 전에 발표 되었는데, 테슬라의 주가는 뉴스 발표 이후 꾸준히 상승했다. 그리고 테슬라에 부품을 납품하는 국내 상장사 기업의 주가도 높은 상승세를 보였다. 이는 비단 S&P500지수뿐 아니라, 국내 '코스피200', '코스닥150'에 편입되는 종목들도 이와 비슷한 모습을 보여준다.

참고로, 많은 투자자가 행하는 단기매매에서 주가가 급락 또는 급등하는 일도 흔한 일이다. 이처럼 주가가 급락 또는 급등하는 이유 역시 일정 부분 '정보의 지연반응 효과' 이론으로 설명할 수 있다. 어떤 기업의 주가 급락은 해당 기업의 정보에 밝은 사람들, 기업과 밀접한 관계에 있는 사람들이 매도하기 때문이다. 이때까지만 해도 일반인은 기업의 부정적인 뉴스를 모르는 상태지만, 시장에 공개적으로 나쁜 뉴스가 퍼지면 급락에 가속도가 붙는다. 투매에 투매가 따라붙는 것이다. 이런 상황이 연출될 때 우리는 냉정하게 '정보의 지연반응 효과'를 떠올릴 필요가 있다.

내가 전해들은 뉴스를 분석했더니 생각보다 나쁜 뉴스가 아니라면, 급락 이후 반등할 것이다. 거꾸로 주가가 급등하는 모습을 보일 때에도 마찬가지다. 좋은 뉴스라고들 말하지만 냉정히 살펴보았더니 큰 매력이 없다면 급등 이후 급락세로 돌아설 확률이 높다.

여기서 여러분에게 강조하고 싶은 이야기는 '주식투자자라면 냉정함을 유지하는 일이 절대적으로 필요하다'는 것이다. 주식시장에는 언제나 급등락 종목이 있다. 이럴 경우 단순히 주가가 요동치는 모습에만 눈이 가고 마음이 움직일 것이 아니라, 냉정한 판단에 의한 투자 결정이 이루어져야 한다. 뉴스의 진위, 뉴스의 강도를 이성적으로 판단하는 일이 정말 중요하다.

07

종이신문 뉴스의 크기와 수익률의 관계

세상에 공개된 뉴스나 정보를 접한 후, 이를 참고해 투자하면 손해라는 생각을 갖기가 쉽다. 주식투자자뿐 아니라 일반 대중이 갖고 있는 오해와 편견이다. 이런 생각을 머릿속에서 지워내기를 바란다. 사람들은 신문에 실린 뉴스가 더 이상 정보로서의 가치가 없다고 생각하지만 절대로 그렇지 않다.

필자의 경험에 따르면, 누구나 읽고 접하는 신문 뉴스를 이용하여 예상치 못한 큰 수익을 수없이 벌어봤다. 앞에서도 밝혔듯 나는 젊은 시절부터 꾸준히 신문을 구독해왔다. 그리고 어떤 중요한 기사를 접했을 경우 해당 기업을 찾아보고 우리 삶에 어떤 영향을 줄지 상상한다. 투자자라면 누구나 하는 일이겠지만, 나 역시 신문 읽기는 큰 수익을 내도록 만들어주는 중요한 도구다.

지금은 대부분의 사람들이 모바일이라는 디바이스 환경에 익숙하며, 스마트폰을 이용해 실시간으로 뉴스를 접하는 시대다. 누구나 손에 들고 다니는 스마트폰으로 들여다볼 수 있는 뉴스와 정보의 양은 무궁무진하다. 초등학생도 몇 번의 클릭으로 세상의 모든 소식을 전해들을 수 있다. 이와 같은 모바일의 대중화는 주식투자 환경도 뒤바꾸고 있다. 사무실이나 집에서 이루어지는 HTS(Home Trading System)와 함께 모바일 환경의 MTS(Mobile Trading System)를 활용하면 누구나 실시간으로 주식투자도 할 수 있는 세상이다.

현대인들은 대부분의 뉴스를 스마트폰으로 검색한다. 그러나 스마트폰으로 살펴보는 뉴스로는 정보의 크기와 강도를 직관적으로 알아차리는 데 한계가 있다. 뉴스의 중요도와 강도를 가늠하는 데에는 신문의 지면 크기가 큰 역할을 한다.

우리가 접하는 뉴스의 강도는 지면에 실린 뉴스의 크기와 비례하는데, 큰 뉴스일수록 당연히 대중에게 알려야 할 정보의 양이 많을 수밖에 없다. 따라서 정보 찾기에 관심을 가져야 할 투자자라면, 신문 지면에 크게 실린 뉴스를 소홀히 생각해서는 안 된다.

대표적인 사례 하나를 소개한다. 2019년 1월 초, 우리 정부는 '수소경제(水素經濟, Hydrogen Economy)'라는 아젠다를 발표했다. 국내 주요 일간지를 비롯하여 〈매일경제신문〉과 〈한국경제신문〉 등의 경제전문지에 수소경제 관련 기사가 1면 전체에 게재되었다. 뿐만 아니라 2~3면의 지면을 할애하여 여러 전문가의 수소경제 해석 뉴스가 도배되었다. 해당 기사가 공개된 이후 시장에서는 수소경제에 대한 기대치가 높아졌고, 특히 수소차와 관련 있는 주식은 1월 내내 상승세를 나타냈다. 무려 100% 상승세를 보인 종목도 여러 개 있었던 걸로 기억한다.

신문에 크게 실린 기사의 중요성을 강조하기 위한 이야기지만, 그밖에도 신문 지면의 크기가 뉴스의 강도를 나타내는 사례는 셀 수 없을 정도로 많다. 지금 이 시간에도 세상을 발칵 뒤집어놓을 만한 수많은 이야기가 쏟아진다. 따라서 주식투자자인 우리는 신문 뉴스 모니터링을 일상화하고 그 안에서 투자 기회를 찾아야 한다. 수익을 얻으려면 거기에 합당한 노력이 뒤따라야 한다. 거저 얻어걸리는 투자 운은 평생 동안 주식을 해도 기껏해야 한두 번 있을까 말까한 일이다.

08

편향된 투자관 말고 유연한 투자관 갖기

과거에는 투자자들이 이른바 가치주에 투자를 해야 한결 고상하고 제대로 된 투자라고 생각하던 시절이 있었다. 가치주 투자의 대가라고 불리는 워런 버핏도 얼마 전까지만 해도 자신이 잘 모르는 ICT 관련주에는 투자하지 않았다고 전한다. 몇 년 전부터 시장을 이끌어 온 ICT에 투자하지 않은 결과 워런 버핏도 큰 수익을 놓칠 수밖에 없었다. 워런 버핏은 오랫동안 그토록 자신이 즐겨하던 가치주에 집중했다. 물론 가치주 투자로 그는 큰 돈을 벌었지만 워런 버핏은 일반 투자자와는 달리 투자 시간을 버틸 수 있는 재력가다. 일반 투자자가 처한 상황과 전혀 다른 입장임을 고려해야 한다.

내가 여기서 말하고 싶은 건 투자에 대한 사고의 유연성이다. 특히 일반 투자자라면 투자에 대한 사고의 유연성을 반드시 갖추어야 한다. 과거처럼 가치주 투자만 추구하다 보면 수익률이 생각보다 저조하게 나타날 수도 있다. 안정적일 수는 있어도 큰 수익을 장담할 수 없는 것이 가치주 투자다. 그럼에도 불구하고 아직도 많은 주식투자자가 전통적인 가치주 투자에만 집중하거나 머물러 있다.

물론, 가치주 투자가 투자로서 의미가 없다는 이야기가 절대 아니다. 그리고 가치주 투자를 지향하는 분들을 폄하하기 위한 말도 아님을 분명히 밝힌다. 하지만 냉정하게 생각할 필요가 있다.

가치주 투자란 결국 어떤 기업이 크게 성장할 때까지 짧게는 몇 년, 길게는 수십 년을 기다려야 하는 일이다. 바로 눈앞에서 수익이 나야 하는 일반 투자자나 생계가 달린 전업투자자 입장에서는 가치주 투자 대신 시장 중심주 투자가 한결 더 적당한 투자다.

지금 이 시점에서 시장을 이끌어가는 중심주에 투자하는 것이 효과적인 투자법이라는 이야기다. 들려오는 이야기에 따르면, 가치주 투자의 대가 워런 버핏도 지금은 예전처럼 가치주 투자만을 고집하지 않는다고 전해진다. 그 역시 세상의 중심에서 트렌드를 만들어가는 주식에 투자함으로써 여전히 큰 수익을 거두고 있다. 그러니까 너무 한쪽 방향으로 편향된 투자관을 고집할 필요는 없다!

우리가 한번 몸에 들인 투자습관이나 투자에 대한 고정관념을 점검하자는 이야기로 생각해주시기 바란다. 특히 일반 개인투자자라면 '투자 사고의 유연성을 갖추는 일이 매우 중요하다'는 점도 인식하기 바란다.

09

중장기투자, 단기투자에서의 시장 중심주

중장기 투자에서의 시장 중심주는 시대정신을 반영한 주식에 투자하는 것이다. 방금 말한 시장 중심주니 시대정신이니 하는 용어도 필자가 국내에서 처음 사용함으로써 대중에게 널리 알려진 용어가 되었다. 시장 중심주라는 말을 다르게 표현하면 주도주, 리딩주라고 부를 수도 있다. 아무튼 시장 중심주는 시대정신에 맞는 주식을 의미한다.

시대정신을 담은 주식의 사례를 소개하자면, 과거 3차 산업혁명 시대의 시장 중심주는 인터넷 관련 주식들이다. 해당 주식들이 약 10년의 장기 호황을 누렸다. 그리고 4차 산업혁명 시기에 진입하던 초기의 시대 중심주는 국내 시장의 경우 반도체 관련주가 주인공이었다. 이 흐름은 지금도 유효하다. 물론 경우에 따라 예기치 못한 변수나 사건이 생겨 시장에 큰 영향을 줄 때가 있기는 하다. 과거에 우리가 경험한 수차례 금융위기 사건도 그렇고 2020년 내내 전 세계를 위협한 코로나19 사태도 대표적이다.

참고로, 코로나 시대의 시대정신은 언택트(Untact)란 말로 집약된다. 처음에는 저 말이 낯선 합성어로 들렸지만 지금은 누구나 알아듣는 2020년 핵심 키워드로 자리를 잡았다. 당연히 시장에서는 언택트 관련주가 크게 상승했을 뿐만 아니라, 이 흐름은 사태가 진정될 때까지 중장기적인 테마로도 볼 수 있다. 한편, 기업이 상품을 홍보하는 광고 영상이나 카피를 살펴보면 현재 시장의 중심과 흐름을 쉽게 간파할 수 있다. 똑똑하고 창의적인 광고 크리에이터들은 시대정신을 담은 이야기를 제품 홍보에 끊임없이 추가한다. 중장기투자에서의 시장 중심주는 시대 상황을 고스란히 반영한 주식이다. 이런 종목에 관심을 갖고 투자해야 수익을 기대할 수 있다.

　그렇다면 단기투자에서의 시장 중심주는 어떻게 될까? 단기투자에서는 그 당시의 이슈와 뉴스(단기적인 이슈와 뉴스)에 민감하게 반응하는 주식이 비록 기간은 짧지만 시장 중심주가 된다. 단기매매에 관심이 많은 분들이라면 이런 주식을 눈여겨볼 필요가 있다.

　그런데 단기적인 이슈와 뉴스에 따라 움직이는 주식들은 변동성이 크다는 특징을 갖는다. 급히 올랐다가 언제 그랬냐는 듯 급락한다. 급등했던 주식은 급락하게 마련이다. 따라서 단기투자에서는 변동성을 고려하면서 신중하게 접근하는 것이 핵심이다. 수많은 뉴스들 중에서 매주 시장을 지배하는 뉴스가 나타난다. 이런 뉴스는 대개 일주일 정도 지나면 다른 뉴스로 빠르게 대체된다. 한 주 한 주, 시장을 지배하는 뉴스에 관심을 갖는 것이 단기투자에서의 시장 중심주 찾기다. 이 말은 주식투자자가 변화에 빠르게 대응해야 한다는 의미이기도 하다.

만약 초보 투자자들, 특히 단기투자 경험이 부족하여 빠른 대응이 서툴고 자신 없는 분들이라면, 준비가 될 때까지 단기투자를 참는 것이 좋다. 어느 정도 경험을 쌓은 후 단기투자에 나서도 된다.

📊 시장 중심주 이해를 돕는 손수건 이론

지금도 나는 강연회 등에서 투자자들에게 조언할 때 시장 중심주 이야기를 강조한다. 그 이유는 내가 매번 시장 중심주 투자로 큰 수익을 거두기 때문이다. – 내가 처음 사용한 – 시장 중심주라는 말을 쉽게 이해하는 방법이 있다. 다름 아닌 '손수건 이론'이다. 약간의 상상력을 동원하여 손수건 이론으로 빗댄 시장 중심주 이야기를 함께 살펴보자.

네모 모양으로 펼쳐진 손수건 한 장을 머릿속에 떠올리자. 그리고 손수건 가운데 부분을 손가락으로 살짝 들어 올리자. 들어 올린 손수건 가운데가 하늘로 올라갈 것이고, 펼쳐져 있던 네 귀퉁이는 땅에 닿은 채 조금씩 끌려올 것이다. 이제 손수건 가운데를 높이 더 높이 치켜 올리면 아마도 손수건이 피라미드 모양처럼 만들어질 것이다. 피라미드 모양을 확인했다면 이제 반대로 손수건을 아래로 천천히 내려 보자. 천천히 손수건을 내리면 땅에 닿은 네 귀퉁이가 여전히 땅에 머물 것이고, 손수건 가운데 부분은 천천히 내려갈 것이다.

들어 올렸다가 내리는 손수건의 변화는 시장 중심주를 설명하는 데 적합하다. 그래서 나는 방송이나 강연에서 손수건 이론을 자주 소개했던 것 같다. 시장 중심주란 다른 주식과 달리 매우 뜨겁게 치솟는 종목이다. 그리고 지표는 거래량이다. 상황과 경우에 따라 대형주든 중소형주든 모두 시장 중심주가 될 수 있다. 중장기투자에서는 시대 상황을 반영한 관련주가 시장 중심주가 된다. 전기차, 자율자동차, 수소경제, 빅데이터, 5G, 이러닝학습, AI, 언택트 관련주 등이 대표적이다. 단기투자에서는 현재 상황을 주도하는 단기 이슈, 이벤트, 뉴스에 따라 중심주가 바뀐다. 일주일 정도 신선함을 유지하지만 시장을 이끄는 이슈가 거의 매주 바뀌는 게 특징이다. 매수세가 빠르게 몰려 급등하는 장점이 있는 반면에 급락할 위험이 높아 특히 투자자의 발 빠른 단기 대응이 필수다.

참고로, 대선 테마주도 시장 중심주에 포함할 수 있다. 가령, 미국 대선에서 승리한 조 바이든 대통령은 약 5,560조 원(5조 달러) 규모의 친환경 재생에너지 정책을 펼치겠다고 공언했다. 일명 그린뉴

딜 정책인데, 대선 테마주인 이런 주식이 향후 시장을 주도할 가능성이 높다.

나 또한 처음 전업투자자로 나섰을 때, 적은 돈을 가지고 단기투자부터 시작했다. 산전수전 겪으며 투자 경험이 쌓이고 대응법이 능숙해지다 보니, 어느새 단기투자든 중장기투자든 나에게 필요한 상황에 따라 적절히 대응할 수 있다. 뿐만 아니라 필자는 실전투자에서 남다른 강점이 있다. 앞에서 설명한 선취매와 시장 중심주 투자가 나만의 장점이다. 이 두 가지를 통해 높은 수익을 거둘 수 있었다. 간략히 정리하면….

중장기투자에서는 시장 중심주 위주로, 그리고 단기투자의 경우 매주 바뀌는 당시의 이슈나 뉴스에 관심을 갖는 것이 핵심이다.

10

중장기투자에서의 매수와 매도

흔히 시간과의 싸움이라고 불리는 중장기투자에 대해 설명할 차례다. 중장기투자에서의 매수는 방금 전 밝힌 바와 같이 시장 중심주에서 고른다. 그런데 중장기투자 초기에는 매수하는 종목이 대체로 정해져 있다. 그러니까 중장기투자 초반에는 일반적으로 중소형주가 아닌 대형주 위주로 투자해야 한다. 중장기투자 초기의 매수는 기초적인 기술적 분석인 골든크로스(Golden Corss)를 찾는 것이다. 즉, 골든크로스가 발생했을 때 매수하는 것이 원칙이다.

골든크로스는 단기이동평균선이 장기이동평균선을 뚫고 올라갈 때를 뜻한다. 바로 이때가 매수 타이밍인데, 이 타이밍을 놓쳤다면 영영 매수 기회가 사라지고 마는 걸까? 그렇지 않다. 주가는 장이 아무리 좋은 대세 상승기라 해도 끊임없이 상승하는 경우가 없다. 중간에 약간 조정하는 시기가 반드시 나타난다. 만약 최초의 매수 타이밍을 놓쳤다면 상승추세가 지속된다는 가정 아래, 일반적으로 20일선 또는 60일선까지 하락했을 때가 두 번째 매수 타이밍이다.

여기서 기억해야 할 핵심은 중장기투자라 할지라도 주가가 너무 가파르게 상승세를 보인다면, 투자 기간에 집착하지 말고 시세차익을 일부 실현한 후 보유 주식의 비중을 줄이는 전략을 취하는 게 좋다.

중장기투자의 매도 타이밍은 위와 정반대 상황이다. 즉 데드크로스가 발생하면 매도 타이밍이다. 데드크로스(Dead cross)는 단기이동평균선이 장기이동평균선을 뚫고 내려갈 때를 말한다. 주식투자 경험이 좀 있는 분들은 기술적 분석으로 충분히 데드크로스 상황을 인지할 수 있을 것이다. 일반적으로 데드크로스는 오름세가 주춤하는 모습을 보이면서 진행된다.

〈그림 5〉 골든크로스 & 데드크로스 발생 사례_①(카카오)

〈그림 6〉 골든크로스 & 데드크로스 발생 사례_②(LG화학)

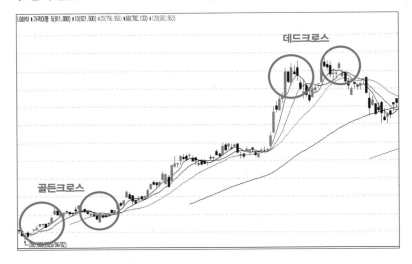

　데드크로스는 대부분 역배열 장기하락 추세선으로 전환한다. 따라서 위험 신호로 인식해야 한다. 골든크로스와 데드크로스를 살펴볼 수 있는 2개의 그림 자료(카카오, LG화학)를 참고하기 바란다.

　중장기투자라고 해서 매수해 놓고, 매도할 때까지 그냥 두고만 있으면 수익을 극대화할 수 없다. 시장 중심주라고 해도 위의 차트에서 보듯이 데드크로스가 발생하면 일단 20일선 또는 60일선에서 거래되는 것을 확인한 후 재매수하는 전략을 사용해야 수익을 극대화할 수 있다.

02

중장기투자에서 큰 수익을 내는 포트폴리오

투자자가 시장을 전망하면서 향후 시장이 좋아질 것이라는 낙관적인 기대가 클 경우라면, 시대정신을 반영한 종목으로 포트폴리오를 구성하는 전략을 추천한다. 반복해서 말하지만 중장기투자는 결국 시대정신과 맞물려 있다. 예를 들어 반도체 전망이 좋을 것으로 판단했다면 대형주 중에서는 삼성전자, SK하이닉스 그리고 소형주 중에서는 동진쎄미켐, 서울반도체 등으로 포트폴리오를 구성하는 전략이 좋은 사례가 될 수 있다. 이런 포트폴리오를 구성하면 복리 효과를 극대화할 수 있다. 여기서 말하는 복리 효과란 주로 은행에서 사용하는 복리를 의미하는 게 아니다. 주식의 수익에 수익이 계속 덧붙는 것을 뜻한다.

위의 반도체 관련주들 중에서는 삼성전자가 선도주라고 볼 수 있는데, 일단 삼성전자와 같은 선도주가 가파르게 오르면 다른 관련주도 키를 맞추며 따라가는 게 주식의 일반적인 모습이다. 주식에서는 이처럼 키를 맞추려는 현상이 있다.

처음에는 시장 중심주, 선도주가 크게 오르지만 어느 정도 오른 후에는 아직 덜 오른 스몰캡 관련주들이 상승세를 따라간다. 따라서 이런 포트폴리오를 구성한 투자자라면 처음 가파르게 오른 주식에서 일단 시세차익을 실현해 보유 비중을 줄인 후, 아직 덜 오른 관련주에 재투자함으로써 다시 한 번 시세차익을 노릴 수 있다. 이 방법이 주식에서 수익에 수익을 더하는 복리 효과다. 중장기투자에서 이런 포트폴리오 구성과 매수매도 전략은 수익으로 번 돈이 줄어들지 않도록 하는 방법이다.

핵심은 가파르게 오른 종목의 비중을 줄여 현금화한 후, 동일 섹터 내에 아직 덜 오른 스몰캡에 재투자함으로써 수익을 극대화하는 것이다. 이것이 중장기투자의 가장 큰 장점이자 매력이며, 주식투자에서의 복리 효과다.

참고로, 전기차나 수소차 등 미래 모빌리티 관련주들도 반도체 관련주와 똑같이 움직인다. 따라서 이를 참고하여 투자자 여러분의 주식 포트폴리오를 구성하면 도움이 될 것이다.

📊 나라마다 다른 중장기투자의 기준

워런 버핏은 주가가 기업가치보다 낮을 때 또는 저평가된 기업에 투자함으로써 오랫동안 동행하여 복리수익을 극대화하는 전략으로 돈을 엄청 벌었다. 그는 2020년 90세 생일을 앞두고 한 언론사와의 인터뷰에서 이런 말을 남겼다.

'복리라는 마법이 내가 현재 가진 자산 중 90%를 벌도록 해주었다.'

워런 버핏은 복리의 가치투자와 복리의 마법을 늘 강조했다. 긴 시간 동안 기업과 동행하는 그의 투자론 덕에 그는 장기투자의 달인이라고 불렸다. 특히 그는 미국 주식시장에 대한 믿음이 매우 강했다. 그가 오랫동안 보여준 투자 철학과 경이적인 수익률에 사람들은 열광했고 그를 투자의 롤 모델로 삼았다. 하지만 그의 투자론이 항상 누구에게나 적용되는 것일까? 이에 대한 성찰이 필요하다고 본다. 현실적으로 워런 버핏의 투자론이 모든 투자자에게 적용되지 않는다고 생각한다. 특히 우리나라와 일본 주식시장을 살펴보면 그 확연한 차이를 알 수 있다. 워런 버핏이 오랫동안 기업과 동행하면서고 큰 수익을 거둘 수 있었던 건 미국이라는 세계 최고 시장에서 태어난 이유가 크다. 버핏은 '당신이 만약 태어날 시기와 장소를 정해야 한다면 1720년, 1820년, 1920년을 선택할 것인가? 아니다 지금, 미국을 택해야 한다!'고 말했다. 버핏은 또 '미국이 생긴 이후 사람들은 이곳에 오기를 원했다. 미국을 막을 수 있는 건 없다.'고 말하며 미국에 투자하기를 강조했다. 미국은 기축통화국이다. 또한 전 세계에서 유입되는 우수하고 풍부한 노동력을 바탕으로 세계 경제를 선도한다. 그 덕분에 미국의 다우지수와 나스닥지수는 역사적으로 꾸준히 우상향을 그릴 수 있었다.

그러나 경제대국 중 하나인 일본을 살펴보면 사정이 달라진다. 1989년 버블경제 당시 닛케이225지수는 역대 최고치인 38,915.87을 기록했지만, 이후 잃어버린 20년이라고 불리는 경기침체를 경험했다. 일본 닛케이225지수는 20년 동안 하락 횡보하며 3만 포인트 고지를 넘어보지 못했다. 이는 우리나라 코스피, 코스닥지수도 마찬가지다. 코스피는 점진적으로 우상향 곡선을 그려왔지만 우리는 수출 위주의 국가이기 때문에 대외 환경 부침이 심하다. 더 중요한 점은 우리나라 기업 중 삼성전자처럼 극소수 기업 말고는 변함없이 상승한 종목이 거의 없다는 것이다. 즉 10~20년 장기투자를 하기가 매우 어려운 투자환경이다.

예외적으로 2020년에는 코로나19로 인해 전 세계적으로 막대한 경기부양 자금이 풀렸고, 부동산 및 주식가격이 사상 최고치로 급등했다. 그리고 조심스럽게 2021년 상황을 예측해보자면, 넘치는 유동성과 경기 회복의 기대감으로 국내 코스피지수가 3,000p를 상향 돌파할 것으로 기대한다.

현재 우리나라에서 우상향하여 지금 신고가를 기록하는 종목들은 현 시대 트렌드에 맞는 종목에 국한된다. 이 역시 10~20년을 내다본다면 미국 주식처럼 지속 상승할 것으로 장담할 수 없다. 따라서 중장기 관점으로 기업에 투자할 때에는 무조건 오래 투자하는 게 능사가 아니다. 각 나라와 각 개인의 투자환경 및 실정에 맞추어 투자를 결정해야 한다. 필자가 수십 년간 시장을 지켜본 결과, 우리나라 주식시장에서의 중장기투자는 대체로 시대 트렌드에 맞는 '시대 중심주'를 1분기에 투자하여 4분기에 수익을 실현하는 방법이 유효했다. 이 방법이 수익률을 높이는 효과적인 투자법이라고 믿는다.

12

중장기투자의 리스크

주식투자에서 리스크 관리는 꽤 중요한 항목이기에 세부적으로 살펴보고 다루어야 한다. 필자뿐 아니라 모든 주식투자자는 리스크의 중요성을 너무나 잘 인지한다. 따라서 나는 책 후반부인 4장에서 리스크 관리에 대한 나름의 노하우를 정리할 예정이다. 여기에서는 중장기투자 리스크의 핵심만 간단히 다루도록 하겠다.

중장기투자의 리스크는 일반적인 주식투자의 리스크와 큰 차이가 없다고 보면 된다. 다만 조금 차별화되는 부분이 있기는 하다. 즉, 중장기투자를 목표로 주식을 매수했더라도 시장 상황의 변화 또는 업황의 변화에 따른 리스크가 발행할 수 있다. 예를 들어 A 산업군의 전망이 처음 기대치보다 낮게 나타날 수 있고, 당초 예상보다 저조한 실적을 보임으로써 리스크가 발생할 수도 있다.

그리고 일반적인 주식투자 리스크라 함은 기업이 추가로 주식을 발행하여 자본금을 늘리는 유상증자 리스크, 기업 오너에 대한 리스크나 또한 기업 자체에 대한 리스크 등을 말한다. 주식투자에서는 리스크가 없을 수 없다. 어떤 리스크든 늘 발생하게 마련이다. 그런데 리스크 발생은 투자자가 포트폴리오 전략을 세우고 실천하는 일이 중요하다는 사실을 새삼 일깨워준다. 만약 어떤 섹터에서 모두 오를 것으로 예상해 3~4개 종목을 매수했다고 가정해보자. 그런데 어느 한 종목에서 리스크가 발생하면 다른 매수 종목에서 거둔 수익이 리스크로 인한 손해를 일부 덜어주기도 한다. 대표적인 사례가 2020년 하반기에 있었던 LG화학의 1조 원 규모 유상증자 건이다.

시대 중심주 중 하나로 손꼽히는 섹터 중 2차전지 관련주들이 있다. 대표적인 2차전지 기업의 주가가 대부분 오를 것으로 예상하고 삼성SDI, SK이노베이션, LG화학 등으로 포트폴리오를 구성했다면, LG화학의 유상증자 뉴스로 해당 주식이 하락세를 보이더라도 다른 관련주가 버팀목 역할을 해줌으로써 손실을 막아주는 것이다. 물론 결과적으로 LG화학의 주가는 유상증자라는 리스크 발생 이후 상당한 오름세를 보여주었다. 이는 시대 중심주라는 점, 유망업종 대표주라는 점이 작용한 결과로 볼 수 있다.

그리고 하나 더 소개하고 싶은 이야기가 있다. 다름 아닌 분산투자와 관련된 이야기다. 간혹 포트폴리오 구성과 분산투자를 헷갈려하는 분들이 계시다. 포트폴리오 구성은 이 시대를 이끌어갈 어떤 특정 섹터의 관련주를 여럿 매수하는 일이다. 그렇게 함으로써 수익의 극대화를 노리는 전략인 반면, 분산투자는 향후 전망이 긍정적일 것 같은

'여러 섹터'에 나누어 투자하는 일이다. 분산투자의 취지는 어느 한 곳에서 잃더라도 다른 한 곳에서 잃은 만큼 회복하면 손해가 아니라는 일종의 '헷지 전략'이라고 보면 된다.

실제로 분산투자의 경우 어느 한 곳에서 수익이 나면 다른 곳에서 손해가 나는 일이 다반사다. 따라서 투자원금을 지킬 수는 있어도 큰 수익을 내기에는 이 전략이 한계가 있다.

13

단기투자로는 기대하기 힘든 복리 효과

단기 주식투자는 주식에 처음 입문하는 대부분의 투자자가 선택하는 투자방법이다. 전업투자자인 필자도 처음 출발은 단기투자였다. 투자에 가용할 수 있는 원금이 절대적으로 적었기 때문에 단기투자에 집중할 수밖에 없었다. 단기투자로 큰 수익을 거두는 일은 결코 쉽지 않은 일이지만, 불가능한 것도 아니다.

단기 주식투자에서는 중장기투자의 장점 중 하나로 강조한 복리 효과를 기대할 수 없다. 우리가 단기 주식투자에서 가장 염두에 두어야 할 것은 투자금액이다. 즉, 단기매매 시 본인이 관리하기 적당한 금액으로 임하는 것이 좋다. 너무 큰돈으로 단기투자를 하면 변동성이 큰 단기매매의 특성상 큰 손해를 볼 수도 있다. 투자 금액이 많다고 투자수익이 높아지는 건 절대 아니다. 그리고 단기투자에서의 적당한 투자대상 종목은 앞에서도 언급한 것처럼 그 당시의 이슈, 뉴스에 민감하게 반응하는 거래량 많은 종목이다. 이런 종목에 투자하는 것이 단기투자의 원칙이다.

단기 주식투자에서는 우리가 흔히 차트라고 부르는 기술적 분석 (Technical Analysis)이 중요하다. 대표적인 것이 주가이동평균선인데, 과거의 주가와 거래량을 도표화하여 보여줌으로써 향후 주가가 어떤 흐름을 보일지 가늠, 예측할 수 있다. 변동성이 크고 리스크가 높은 단기 주식투자에서 투자자가 빠르게 대응을 잘한다는 건 주가의 향후 추세, 패턴을 찾는 일에 능숙해야 함을 의미한다. 필자가 실전 투자에서 특히 매수 타이밍을 잡을 때 참고로 삼는 몇 가지 패턴이 있다. 아래에 소개하는 것처럼 대략 세 가지다.

N형 패턴

횡보하다가 급등 이후 2~3일 쉴 때가 매수 타이밍이다.

N형 패턴은 주가가 상당 시간 횡보한 이후에 호재성 뉴스가 나타나

〈그림 7〉 N형 패턴(종근당바이오)

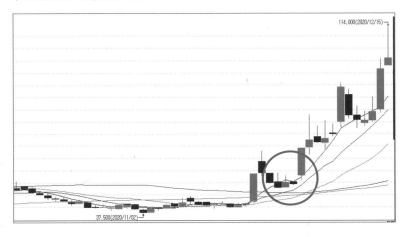

급격한 상승을 보이는 종목, 대량거래 수반 이후에 며칠 동안 하락해서 이격을 줄인 후 이동평균선 5일, 10일까지 지지받을 때 매수한다. 반드시 하락해서 상승 요인이 되었던 호재성 이슈가 소멸되지 말아야 한다. 예를 들어 M&A 같은 경우는 인수업체가 국내 최고 기업이나 세계적인 기업이 아닌 경우 일회성 상승으로 그치는 경우도 있다.

양음양(+−+) 패턴

첫 날 상승하고 다음 날 하락할 때가 매수 타이밍이다.

양음양(+−+) 패턴은 시장 자체가 견조한 상태에서 단기적으로 이슈나 테마에 속해 있는 종목군에서 많이 나타나는 매매 방법이다. 5~10일선을 지지선으로 하며, 하루 이틀 상승 후 하루 이틀 하락하는 유형이다. 기본적으로 이동평균선 10일선 20일선이 훼손되지 않

〈그림 8〉 양음양(+−+) 패턴

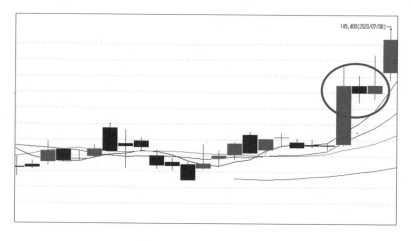

는 것을 원칙으로 한다. 그런데 혹시 매수 대상 종목이 정배열 내 대형주이고 시대 중심주에 해당된다면 중장기투자의 대상으로 삼아야지 한두 번 매매해서 적은 수익의 대상으로 삼는다면 수익을 극대화할 수 없다.

장대양봉 이후 20일선까지 하락 후 십자형 캔들 발생

십자형 캔들(도지캔들)이 발생할 때가 매수 타이밍이다.
시장의 이슈를 갖고 있는 종목인데 하향 표류하다가 20일선 또는 60일선에서 십자형 캔들(도지캔들)이 발생하면 매수한다.

위에서 소개한 세 가지 패턴을 하나하나 차트를 통해 찾기 어렵다면, 증권사 HTS 메뉴 중 '조건검색' 기능을 활용하기도 한다. 그리고 단

〈그림 9〉 십자형 캔들 발생

기 주식투자 시 위에서 언급한 패턴을 참고하여 매수하더라도 조건을 하나 더 충족시켜야 한다. 다름 아닌 시장 상황이 전체적으로 양호할 때 적용해야 한다는 점을 꼭 기억할 필요가 있다. 그리고 많은 투자자가 잘못 생각하는 일이 있다. 단기투자라 해도 주식을 매일매일 사고 팔 필요는 없다는 점이다. 주식을 하루도 빠짐없이 사고파는 일과 관련하여 '아무것도 하지 않았더니 더 나은 수익이 나왔다'라는 우스갯소리를 들어보았을 것이다.

주변을 둘러보면 거의 습관적으로 주식을 매매하는 분들이 생각보다 많은데, 이런 분들은 자신의 매매습관을 다시 한 번 점검할 필요가 있다. 이와 관련해서는 다시 언급할 예정이다.

단기 주식투자에 대한 내 생각은 이렇다. 필자는 여러 실전투자 대회에 참가하여 5회 이상 수상한 경력을 갖고 있으며, 주식시장에서 자칭, 타칭 단기매매의 고수라고 불린다. 처음 주식을 시작할 때만 해도 단기투자 위주의 투자를 했고, 어느 정도 큰 수익을 낸 이후에도 상황을 살피고 판단해 단기투자를 자주 하는 편이다. 내 입장에서는 단기투자 역시 익숙한 투자법 중 하나다. 내게 익숙한 투자방법이지만 아쉽게도 늘 수익을 낼 수 있는 건 아니다.

전업투자자로 20년 이상의 시간을 보냈지만, 지금도 단기투자는 쉽지 않다고 느껴진다. 단기투자의 경우 수익에 수익을 더하는 중장기투자에서의 복리 효과를 기대할 수 없기 때문에 나는 단기투자로 거둔 수익의 경우 반드시 인출하여 현금화하는 것을 원칙으로 삼아 꾸준히 지키는 편이다. 운이 좋았든 실력이 따랐든 간에 단기 투자로 수익이 났다면 언제 다시 손실이 날지 모르니까 현금화하는 것이 좋다.

필자는 주식투자의 경우 대상 종목의 가격 변동성이 크다고 몇 차례 강조했다. 이 말은 내가 보유한 주식이 올랐다고 해도 절대 안심할 수 없다는 이야기인데, 보유하고 있다가도 영 아니다 싶으면 언제든 바로 매도할 수 있는 만반의 준비가 되어 있어야 한다. 자칫 매도 타이밍을 놓치면 큰 손실이 발생해 투자자를 괴롭힌다. 또한 단기 주식투자에서는 언제든 빠져나올 수 있는 민첩함과 결단력이 뒤따라야 한다. 따라서 매수 종목과 시장 상황을 늘 예의주시해야 한다.

단기 주식투자를 배우고 싶은 투자자라면 일단 기본적으로 우량한 종목을 가지고 1~2년 정도 단기투자 연습을 해본 후에 도전하는 게 좋다. 우량한 종목이라고 하면 삼성전자, 현대차와 같은 주식이다. 운이 나빠 손실이 좀 날 수는 있어도 절대 망하지 않을 기업들이다. 이처럼 리스크가 없는 안정적인 종목으로 충분히 연습을 해본 후, 주식투자에 대한 감이 생기고 차트 분석이라든가 시장 돌아가는 눈도 좀 익으면 그때야 비로소 급등락하는 종목으로 옮겨가는 걸 추천한다. 만약 안정적인 종목이 아닌 관리종목이나 동전주 등 소위 잡주 같은 것에 투자할 경우, 투자원금을 모두 잃을 수도 있으니 각별한 주의가 필요하다.

무턱대고 단기투자에 나서기보다 1~2년 정도 주식에 대한 감을 잡은 후 단기투자에 접근하기를 조언한다.

단기투자의 포트폴리오는 중장기투자 시 포트폴리오와 달리 접근해야 한다. 한두 종목에 집중하는 것이 포인트다. 그것이 단기투자 시 가장 중요한 포트폴리오의 핵심이라 할 수 있다. 매수한 종목이 너무 많으면 일일이 대응할 수 없어 집중력이 분산될 수밖에 없다. 이 경우 열이면 아홉, 적절한 매도 타이밍을 놓치고 만다.

　그렇다면 어떤 종목에 집중하는 것이 좋을까? 투자자 스스로 판단했을 때 눈에 많이 익은 종목, 잘 아는 종목에 집중하는 것이 우선이다. 그런 종목의 성격이나 특징을 잘 알 것이므로 빠른 대응이 가능해진다. 내가 잘 모르는 종목, 낯선 분야의 종목, 뉴스나 이슈가 없는 종목에 투자한다면 원금을 잃을 수도 있다.

14

단기투자에서의 매수

단기투자도 보유 기간에 따라 여러 가지 유형이 있다. 초단기매매인 '스켈핑(Scalping)'도 있고 길게는 1개월가량 보유했다가 매도하는 매매법도 단기투자 범주에 포함할 수 있다. 따라서 매수 시점이 제각각일 수밖에 없는데, '스켈핑'과 같은 초단기매매는 제외하고 일반적인 단기투자의 매수 시점은 앞의 글에서 제시한 '단기투자 수익모형' 세 가지 방법을 참고하기 바란다.

시장에는 매일 새로운 뉴스나 이슈로 급등과 급락을 하는 종목이 나타난다. 따라서 단기투자에서는 매일 또는 빈번히 매수 기회가 생기고 이에 따른 위험도 수시로 발생한다.

　필자의 경우 '데이 트레이딩' 성격의 짧은 단기매매를 자주 하는 편은 아니다. 그러나 실전 투자대회 기간이거나 최근처럼 코로나 상황으로 인하여 외부 행사를 할 수 없는 경우 등의 여건이 되면 짧은 단기매매도 한다.

일반적인 단기매매의 매수 시점은 상승률 상위 종목 중 매매 당시의 시장 분위기에 맞는 종목 중에서 거래량이 많은 종목을 타깃으로 삼는다.

이미 20% 이상 상승한 종목은 추격매수를 자제하고 상한가까지 갈 수 있는 큰 재료라면 분봉으로 횡보 거래선을 확인한 후 숨고르기를 할 때 매수한다. 이 경우 당일 종가에 상한가 안착에 실패하면 즉시 매도한다. 매우 짧은 단기매매는 오랜 기간의 경험으로 축적된 감각적인 매수매도가 많기 때문에 글로 서술하거나 말로 설명하기가 참 어렵다. 일부에서는 '감각'이라고도 부르지만 나는 투자자 '뇌'에 누적된 데이터에 의한 '반응적 매매'라고 말하고 싶다.

때로는 오전 장에 하락하는 종목을 매수해서 상승 반전하면 매도하는 매매법을 쓰기도 한다. 특히 주의할 점은 시장의 전체 상황을 파악하는 일인데, 이것이 가장 중요하다. 하락장이거나 급락장에서는 투자심리에 휘둘려 수익을 내기가 무척 어렵다.

단기투자라고 해서 반드시 전업투자자만의 전유물은 아니다. 1~2주일의 시간을 가지고 매매하는 단기투자는 직장인 투자자도 얼마든지 할 수 있다. 단기투자 수익모형의 두 번째(N자형 패턴), 세 번째(10일선, 20일선에서 지지되는 그 당시 이슈에 맞는 주식) 모형을 기준으로 매수하면 된다. 내가 종종 강의했던 '역배열 속의 짧은 정배열'도 단기매매의 대상이다. 다만 이런 경우는 매수할 때 시간적으로 여유가 있으므로 긍정적인 이슈가 소멸되지 않았는지, 재무적 리스크가 없는지, 유상증자·무상증자, 전환사채 전환 물량 등 제반 리스크를 점검한 후 매수해야 한다.

일반적으로 세상에서 돈을 버는 일은 참 어렵다. 주식투자로 돈을 벌기는 더 어렵다. 단기매매로 돈 벌기란 그중 가장 어렵다. 그래서 단기매매에서 수익이 나면 현금으로 인출한 후 약간의 텀을 갖고 다음 기회를 기다리는 방법을 고민해야 한다. 단기매매는 한두 번 실패하면 투자금의 50% 이상이 사라진다. 대부분의 주식투자자가 원금을 회복할 능력이 부족하다. 따라서 손실한 원금을 회복시킬 능력이 부족한 투자자라면 일단 소액으로 단기투자를 시작해보기를 권장한다.

만약, 주식을 잘 모르고 준비가 덜 된 투자자라면 단기투자에 접근하는 것을 다시 한 번 고민해보기 바란다. 이런 분들은 실력을 갖추기 전까지 단기투자를 하지 않는 것이 오히려 장기적으로 볼 때 투자에 도움이 된다.

15

대세 상승장에서의 단기투자

중장기투자의 중요성을 강조, 대변하는 유명한 말이 하나 있다.

'10년을 갖고 있지 않을 주식은 단 10분도 소유하지 마라!'

가치투자를 중점에 둔 투자자들도 '단기투자는 위험하니까 멀리해야 한다'라는 조언을 한다. 그러나 현실적으로 주식투자에서 단기투자를 안 할 수는 없다. 유독 변동성이 심한 우리나라 주식시장의 조건을 고려하면 더욱 그렇다. 단기투자의 기본적인 매매법, 일반 상식은 '주가가 고점에 이르면 매도하고 저점에서 재매수를 함으로써 수익을 극대화'하는 것이다. 그런데 이것이 말처럼 쉽지 않다. 투자금액이 적은 분들은 특히 단기투자를 외면할 수 없는데, 일단 단기투자를 통해 자산 불리기라는 1차 목표를 세우고 매진해야 한다.

　단기투자는 리스크가 큰 까닭에 많은 금액으로 투자하기가 부담스럽다는 점도 알아둘 필요가 있다. 또한 시장이 좋을 때 단기투자에 집중한다면, 잦은 매매로 인한 비용의 지출이 늘어난다는 점, 그래서 결과적으로 중장기적투자를 할 때보다 오히려 수익 면에서 안 좋은 결과를 볼 수 있다는 점도 알면 도움이 된다. 이를 쉽게 이해하려면 부동산 가격의 상승을 생각해볼 수 있다. 부동산은 특별한 경우가 아닌 한 자주 사고팔지 못하는 자산이다. 단순히 소유한 채로 눌러앉아만 있어도 어느 순간 큰 폭의 가격 오름세를 경험할 수 있는 특수성이 부동산에 존재한다. 그래서 부동산 가격의 상승과 중장기투자에서의 수익 실현이 서로 비슷한 양상이라고 말할 수 있다.

단기투자의 경우 시간이 지남에 따라 상승하는 수익, 시세차익을 누릴 수 없다. 그리고 단기투자자 대부분은 하루 종일 매매만 하다가 계좌의 손실만 경험하기도 한다. 매매중독에 빠져 하루 종일 매매하는 습관이 몸에 들면 중장기투자를 거들떠보지 않거나 안 하게 되는 경우가 허다하다. 물론 투자금액이 적은 분들은 현실적으로 단기투자를 안 할 수 없겠지만, 향후 중장기투자의 청사진을 머릿속에 그려나가야 한다.

주변에 있는 투자자 대부분은, 그리고 투자금액이 어느 정도 되는 분들일지도 단기투자와 중장기투자의 명확한 구분을 못한다. 단기투자와 중장기투자의 접근법이나 대응법이 서로 다름에도 불구하고 이 차이를 알지 못한 채 주먹구구식으로 투자에 나서는 우를 범하면 안 된다. 참고로 단기 차익을 노린 '아비트리지' 거래를 함께 살펴보도록 하자.

📊 아비트리지(Arbitrage) 거래

단기 차익거래를 의미한다. 만약 A라는 상품의 가격이 지역마다 서로 다르게 나타날 경우, A상품을 싸게 파는 시장에서 구매한 후 비싸게 거래되는 시장에 되팔아 차익을 남기는 거래라고 보면 된다. 약 3년 전, 비트코인으로 대표하는 1차 가상화폐[8] 열풍이 불어 1 비트코인이 1만 달러를 돌파하던 당시, 우리나라 투자자들은 아비트리지 거래를 많이 사용했다. 당시에는 우리나라만 해도 가상화폐를 취급하는 거래소가 9개 남짓 있었던 걸로 기억하는데(일본에는 12개의 거래소 시장이 있었다), 우리나라와 미국에서 거래되는 가상화폐의 가격이 달랐고 그 결과 단기 차익거래를 노린 투자가 유행했다. 미국 시장에서 싸게 거래되는 비트코인을 구매하여 조금 비싸게 거래되는 한국 시장에 되파는 식이었다.

주식시장에도 아비트리지 거래가 존재한다. 현재 우리나라에는 한국거래소 한 곳의 주식시장만 열리지만, 중국의 경우만 해도 홍콩거래소와 상하이거래소 등이 있어 한 기업의 종목이 두 시장에서 동시에 거래된다. 아주 크지는 않지만 홍콩과 상하이 두 시장에서 거래되는 한 종목의 주가에서 차이가 발생하니까 아비트리지 거래

---

8   2020년 12월 기준 1비트 코인은 3만 달러 안팎에서 거래되고 있으며 '2차 가상화폐 열풍'이라 불릴 만하다.

가 가능해진다. 이 경우 단기 차익에 따른 수익을 일부 실현할 수 있지만, 거래 시 수반되는 비용이 더 커질 수 있다는 문제와 부딪힌다. 만약, 1 비트코인 가격이 2~3만 원대일 때 투자한 사람이 이를 계속 보유하고 있었다면, 2020년 말 기준 1 비트코인의 가격이 약 3,000만 원이니까 엄청난 시세차익을 누릴 수 있을 테지만, 이와 반대로 단기 차익거래를 한 사람이라면 큰 시세차익이 먼 나라 이야기처럼 들릴 것이다. 이야기의 핵심은 잦은 단기투자의 경우 중장기투자로 기대할 수 있는 시세차익이나 복리 효과를 포기해야 한다는 점이다.

한편, 대세 상승장[9]에서는 시장의 대세 상승을 이끌어가는 주도주를 중심으로 투자하는 것이 좋다. 주도주 종목을 골라 중장기투자 개념으로 접근해야 큰 수익이 나는 법이며, 단기 차익을 노리겠다고 접근하면 오히려 시장수익률보다 못한 결과를 경험할 수 있다는 점도 기억할 필요가 있다.

사실, 주식시장 참여자들 가운데 전업투자나 모니터를 오래 볼 수 있는 투자자는 단기투자를 선호한다. 중장기투자를 하는 분들이 생각보다 드물고, 단기투자와 중장기투자를 명확하게 구분하면서 투자

---

9   지수 자체가 크게 올라가는 주식시장 분위기를 '대세 상승기 또는 상승장'이라고 부른다. 저자는 두 말을 합하여 '대세 상승장'이라고 표현하고 있다. 지수의 변동 없이 개별 종목이 크게 오르는 분위기와는 잘 구별해야 한다. 그런 시장의 모습은 대세 상승장이 아니다.

하는 분들은 더더욱 찾아보기 힘들다. 나는 처음부터 단기투자로 큰 수익을 거두었고 거기서 얻은 수익을 중장기로 옮긴 후에도 큰 수익을 실현했다. 그래서 나는 단기투자로는 절대로 돈을 못 번다는 이야기나, 중장기투자는 큰 매력이 없다는 등의 이야기에 동의하지 않는다. 내가 느낀 바로는, 단기투자로도 분명히 큰 수익을 거둘 수는 있지만 변동성이 큰 만큼 엄청난 리스크를 감수해야 한다는 약점을 인지해야 한다. 또한 한 종목에 투자한 후, 그 종목의 변동성에 적극 대응하는 일도 꽤 신경 쓰이는 일이 된다. 투자금액이 한정된 분들이 단기투자에서 자칫 실수를 하면 모든 것을 잃는 것과 같기 때문에 늘 신중하고 냉정한 접근을 해야 한다. 이런 면을 종합하면 결국 합리적인 주식투자의 길은 단기매매가 아닌 중장기투자에 있다고 생각한다. 꾸준한 시세차익과 더불어 수익에 수익이 따라붙는 주식투자에서의 복리 효과가 중장기투자에 있기 때문이다.

따라서 처음에는 대부분 단기투자를 해야 하는 현실이겠지만, 결국 단기투자를 넘어 중장기투자로 옮겨가기까지 잘 버티고 살아남아 주식투자로 수익의 즐거움을 누리는 여러분이 되기를 바라는 마음에서 이런 조언을 한다. 만약 단기투자로 성공을 거둔 사람이라면, 시야를 넓혀 중장기투자를 새로운 주식투자의 선택지로 삼아야 한다. 그래야만 큰 투자자, 성공한 자산가로 자리매김할 수 있다.

16

단기투자 시 리스크 관리

단기투자의 리스크 관리 역시 간단히 정리할 필요가 있어 보인다. 단기투자에서는 매도 타이밍을 잘 잡는 것이 무척 중요하다. 자칫 매도 타이밍을 놓치면 곧 큰 손실로 이어지고 만다. 또한 단기투자라 해도 하루도 빠짐없이 매매하는 투자습관이 있다면, 한 번 되돌아봐야 한다. 굳이 매일 주식을 사고팔 필요는 없다. 특히 시장 상황이 여의치 않을 때에는 더더욱 그렇다. 다른 매매 방법도 마찬가지겠지만 장이 안 좋을 때에는 단기투자가 유독 어렵게 느껴진다.

하나 더 덧붙이자면 단기투자일수록 현금 비중을 높이는 것이 좋다. 필자의 경험에 따르면, 참고 기다리고 있으면 투자에 적합한 좋은 종목이 분명히 다시 나타난다. 아무리 좋은 종목이 눈에 띄더라도 그 종목을 매수할 현금이 없다면 무용지물이다. 따라서 일정 부분 현금을 보유하고 있어야 한다.

우리가 주식투자에 나서는 가장 큰 목적은 수익을 거둠으로써 더 많은 돈을 벌기 위함이다. 주식에 첫 발을 내딛는 대부분의 사람들은 누구나 장밋빛 꿈을 안고서 소중한 투자금액을 들고 주식시장에 들어온다. 그러나 대부분 수익이 안정적으로 날 수 있는 중장기투자의 문턱에도 가보지 못한 채, 단기투자에서 고배를 마시고 주식을 접는 분들을 너무나 많다. 오랜 시간 전업투자자로 지내며 큰 수익을 경험한 내 입장에서는 이런 분들의 상황이 무척 마음 아프다.

사람들은 주식 관련 책도 여러 권 보고, 증권방송이나 유튜브 등을 시청하면서 어느 정도 얻게 된 자신감을 갖고 주식투자에 나서지만, 정작 HTS를 켜고 모니터 앞에 앉으면 급등하는 종목, 특히 단기간에 50~100% 상승하는 종목에 눈이 가게 마련이다. 또한 불과 엊그제만 해도 매수하려다 포기한 종목이 뉴스나 SNS 상에서 단기간에 상승했다고 알려지면, 매수를 주저했던 자신에게 후회와 아쉬움이 클 수밖에 없다. 이런 시행착오는 대부분의 주식투자자가 흔히 겪는 일이기도 하다.

17

'전업투자의 전설'이라는 별칭

주식투자를 직업으로 가진 분들을 일컬어 전업투자자라고 부른다. 구체적인 근거나 데이터가 없어서 전업투자자의 숫자를 정확히 알수는 없지만 생각보다 많은 분들이 오늘도 전업투자의 길을 걷고 있을 거라고 생각한다. 짐작컨대 우리나라에 약 100만 명 안팎의 전업투자자가 있을 것으로 조심스럽게 추정해본다. 필자의 주변에도 많은 전업투자가가 있다. 전업투자자로 나선 분들은 저마다 전업투자자가 된 각별한 사연이 있는데, 젊은 시절부터 투자세계에 매료되어 이 직업을 갖게 된 분들, 증권사나 금융업에 종사했다가 은퇴한 분들, 다니던 직장을 그만두고 투자자가 된 분들, 사업체를 운영하다가 중단하고 뛰어든 분들 등등 전업투자를 직업으로 갖게 된 배경이나 동기가 모두 다르다.

최근에는 안정적인 직장을 구하기 힘들어진 젊은이들 중 상당수가 전업투자를 직업의 선택지 중 하나로 여기기도 한다. 코로나19 사태가 휘몰아친 2020년의 경우, 동학개미운동의 효과로 700만 주식인구의 시대가 열렸다는 이야기도 시중에 널리 퍼져 있다. 그만큼 우리 주변에는 남녀노소를 불문하고 많은 전업투자자가 존재한다.

전업투자를 직업으로 선택했더라도 전업투자라는 세계에서 큰 성공을 이룬 투자자를 쉽게 찾아보기란 힘든 일이다. 그만큼 자기절제, 투자철학, 끈기와 노력, 강한 정신력, 올바른 투자습관 등이 두루 필요한 일이 전업투자자의 길이다. 방송이나 책, 강연을 통해 알려진 '슈퍼개미'들 또는 은둔의 삶을 사는 성공한 전업투자자라고 해봐야 그 숫자는 생각보다 적은 편이다. 물론 어려운 상황 속에서도 눈부신 수익을 거둔, 소위 슈퍼개미라고 불리는 투자자들은 '주린이'들에겐 롤모델이고 선망의 대상이다.

여러 슈퍼개미 투자자들 중에서 사람들이 필자를 부를 때 사용하는 호칭이 있다. 일명 '전업투자의 전설'이라는 수식어다. 사실 이 말은 과거에 필자가 출연했던 한 방송사에서 시청률을 높이고 홍보를 하기 위한 일종의 전략이었다. 방송이 끝난 후에도 사람들은 나의 이름 앞이나 뒤에 전업투자의 전설이라는 수식어를 붙여서 부른다. 몸둘 바 모를 만큼 영광스러운 일이다. 그러나 한편으로는 조심스럽고 부담도 느껴진다. 오랜 시간 주식투자를 하며 겪은 주식시장 특유의 매력, 위험, 특징, 생리 등의 복합적인 정보를 책으로 정리하여 공유하는 일이 필자 나름의 재능기부라고 생각해주셨으면 좋겠다.

한편으로는, '전업투자라는 직업이 세상의 모든 직업들 중에서도 가장 어려운 일 가운데 하나가 아닐까?'라는 생각도 가져본다. 스스로 흔들림 없는 투자철학을 익혀 실천해야 하고, 확신이 없을 때에는 확신을 만들어내야 하며, 시시때때로 찾아드는 고독과 외로움도 이겨내야 하는 직업이기 때문이다. 이유가 어떻든 간에 전업투자자가 되기로 결심이 섰다면, 또는 현재 전업투자자로 살아가고 계신 분들이라면 '가족의 생계를 책임질 만한 생활비 이상의 수익 내기'라는 미션을 반드시 완수해내야 한다. 이것이 아마도 전업투자자의 첫 번째 목표가 될 것이다.

내로라하는 사람들, 똑똑하고 재능 넘치며 날고 기는 사람들이 들어와 있는 이 시장에서 첫 번째 미션을 현실화하는 일은 생각보다 쉽지 않다. 그러나 분명한 사실은 각자 원칙을 갖추고, 좋은 투자습관을 실천하며, 세상 돌아가는 일에 관심을 잃지 않는다면 비록 험난한 전업투자의 길일지라도 일반적인 직장인 월급 생활로 누릴 수 없는 풍요함과 여유를 누릴 수 있다. 이 말은 허황된 이야기가 아닌 여러분이 붙여주신 '전업투자자의 전설' 남석관이 여러분에게 해줄 수 있는 응원의 말로 기억해주시기 바란다.

◦18◦

투자습관 돌아보기

주식을 취미삼아 재미로 하는 분은 세상에 한 명도 없다. 모든 주식 투자자의 공통적인 희망 사항은 수익을 내는 일이다. 자의든 타의든, 거창한 희망을 품고 들어왔든, 누군가의 추천으로 주식투자를 하게 되었든 간에 주식투자의 1차 목표는 수익을 내는 일이다. 전업투자자의 최소 수익에 대해 말하자면, 일단 다른 직업을 가진 직장인이 버는 월수입 수준은 되어야 한다. 그래야 전업투자가 의미가 있고 생존도 가능하다.

단순히 투자원금을 잃지 않고 수익만 좀 내면 된다는 생각은 낭만적이다. 준비가 덜 된 상태에서 시장에 휘둘리다 보면 투자 수익이 늘 제자리에 머물 수밖에 없다. 결국 시간이 지날수록 전업투자로 직장생활을 하며 버는 수입 이상을 벌 수 있다는 희망이 옅어질 뿐만 아니라, 마음도 지쳐 주식투자를 포기하게 된다.

적당한 수익이 나면 된다는 생각을 애당초 갖지 말아야 한다. 그리고 경제적 자유를 누릴 수 있는 수준의 수익을 반드시 이룰 수 있다는 긍정적인 생각을 스스로에게 계속 불어넣어야 한다. 전업투자자는 매월 따박따박 통장에 꽂히는 월급이 없다. 따라서 돈을 못 벌면 생존의 위협을 받는다. 죽느냐 사느냐, 생존의 문제에 서 있는 셈이다. 따라서 전업투자자라면 열과 성을 다해야 하고, 반드시 살아남아야 한다는 간절함과 돈을 벌겠다는 절실함을 한시라도 잊어서는 안 된다. 어쩌다 큰 수익이 났을 경우 자만하거나 나태해서도 안된다.

필자는 간절함과 절실함에 어울리는 기본 실력을 갖추어야 한다고 반복적으로 강조하고 있다. 생활비를 벌 실력도 없이 전업투자를 하는 일을 비유하자면, 아무것도 모르고 창업하는 일과 똑같은 일이다. 아무것도 모르고 창업한 사업의 끝은 당연히 실패로 끝날 수밖에 없다.

나는 지금 생각해도 턱없이 부족한 종자돈 1,000만 원으로 한 달 생활비를 벌 자신이 충분했기에 전업투자의 길로 용감히 나섰다. 사실 전업투자로 나서기 이전에는 직장생활을 하면서도 14년간 주식투자를 병행한 경험이 있었다. 그런데 이처럼 긴 시간의 실전투자 경력도 되돌아보니 전업투자에는 큰 도움이 되지 못했던 것 같다. 전업투자 초기 시절에는 많든 적든 고정적인 수입이 없다는 현실이 심적 부담으로 작용했다. 가족의 생계를 짊어진 전업투자자의 길은 매우 험난했고, 고민도 많았으며, 모든 투자 결정을 내려야 하는 일이 외로웠다. 우여곡절 끝에 지금은 일반 사람들의 평균 생활비보다 10~20배 정도 많은 수익을 내는 편이다.

필자는 수익을 내지 못하는 주변의 많은 전업투자자를 지켜보면서 그들의 공통적인 어려움을 어렴풋하게나마 짐작할 수 있다. 우리가 주식에서 돈을 잃는 가장 큰 이유는 손실이 나는 매매습관에 있다. 손실이 나는 매매습관이라고 하면 크게 세 가지다. 시장 상황이 안 좋음에도 불구하고 매매하는 경우, 높은 가격임에도 매수하는 경우, 항상 매매하려는 경우 등이 대표적이다. 이처럼 우리에게 손실을 줄 확률이 큰 매매습관을 과감하게 잘라내야 한다. 이들 세 가지만 고치거나 안 하는 것만으로도 손해를 크게 줄일 수 있다고 생각한다.

① 장이 안 좋을 때 투자하지 마라!
② 비싼 가격에 주식을 사지 마라!
③ 항상 매매하려고 하지 마라!

전업투자자로 나선 사람들은 그래도 나름 주식투자를 어느 정도 할 줄 안다고 생각하는 분들일 것이다. 그래서 대부분의 전업투자자는 방금 내가 위에서 소개한 나쁜 매매습관 외에도 자신에게 손해를 입히는 매매습관이 어떤 것인지 너무나 잘 안다. 단언컨대 자신의 나쁜 매매습관만 없애거나 안 하면, 전업투자자로 성공할 확률이 적어도 70~80%는 될 것이다. 오랫동안 주식투자를 했음에도 수익보다 손실이 더 크다면, 나쁜 매매습관을 갖고 있을 것이 분명하다. 아마도 여러분이 누구보다 잘 알 것이다. 만약 자신에게 손실을 주는 나쁜 매매습관이 무엇인지조차 모른다면 전업투자를 포기하는 것이 더 나을 수도 있다.

19

전업투자자는 1개 이상의 수익모형을 갖춰라

가족의 생계를 책임진 전업투자자, 그리고 투자 실패 시 생존의 위협을 받는 전업투자자라면 일반 투자자보다 당연히 더 많은 공부가 필요하다. 공부가 성공적인 주식투자를 끌어주는 자양분이 된다는 점은 부인할 수 없는 사실이다. 필자가 책 곳곳에 공부에 대한 중요성을 강조하며 반복해서 강조하는 이유도 주식투자의 성패 여부가 공부에 달려 있기 때문이다. 공부는 주식투자 실력을 쌓는 데 도움이 되고, 투자 실력은 실패의 리스크를 낮추는 데 유용하다.

너무나 당연한 이야기라서 마음에 와 닿지 않을 수도 있겠으나, 문제는 당연한 이야기조차 실천하지 않는 나태함에 숨어 있다는 점을 말하고 싶다. 남들이 모두 인정하는 '투자의 정석'은 사실 누구나 아는 흔한 이야기처럼 들리겠지만, 아무나 실천하지 못하는 어려운 일이기도 하다. 그래서 '투자의 정석'인 것이다.

필자는 여러분에게 공부를 통해 실력을 쌓은 후, 적어도 한 가지 이상의 확실한! 투자 수익모형을 갖출 것을 강조했다. 전업투자자라면 특히 더 나름의 수익모형 갖추기에 심혈을 기울여야 한다. 그런데 확실한 투자 수익모형이란 거창하거나 대단하거나 비밀스러운 것이 아니다. 그간의 투자 경험으로 충분히 배우고 실천할 수 있는 일들이다. 전업투자자라면 누구나 어찌어찌 했더니 수익이 나고, 어떻게 했더니 손실을 보았다는 경험을 갖고 있을 것이다.

그와 같은 경험들 중 수익이 나고 성공을 이끈 경험을 반복적으로 실천함으로써 투자할 때 사용하는 루틴으로 만들면 된다. 그렇게 자신만의 성공 방정식을 하나씩 만들어가는 것이다.

필자의 경우 '증시 사계론 활용', '정보의 지연반응 효과 이론', '시장 중심주 투자' 등으로 꾸준히 큰 수익을 거두고 있다. 바로 이런 것들이 필자만의 투자 수익모형, 즉 루틴이라고 볼 수 있다. 또한 앞으로 내가 주식을 하는 동안 계속 써먹을 나만의 필살기라고 자신 있게 말할 수 있다. 남다른 성과를 거두었으니까 자신감이 넘치는 것이다.

이들 수익모형은 상호 밀접한 연관 관계를 맺은 채 맞물리며 돌아간다. 물론 위에서 말한 수익모형 외에도 단기투자나 중장기투자 시 어떻게 접근해야 수익이 나고, 어떻게 하면 위험한지를 경험으로 잘 안다. 굳이 다 설명하지 않아도 전업투자를 하는 분들 정도의 수준이라면 스스로에게 이롭고 해로운 정보가 어떤 것인지 쯤은 잘 알 것이라고 생각한다. 그렇다며 우리에게 남아 있는 문제는 실천의 여부가 된다. 나에게 수익이 나는 일은 반복하고, 손실을 끼치는 일은 절대 하지 않는 것이 중요한 하나의 투자원칙이라고 봐도 무방하다.

주식시장이라는 업계에서 나는 어느 정도 성공한 전업투자자로 알려져 있고 그래서 만나는 사람마다 나의 수익이 얼마나 되는지를 묻곤 한다. 그런 질문을 받을 때마다 나는 '월급쟁이'라고 대답한다. 그러나 일반 직장인 수준의 급여보다는 훨씬 '고수익을 버는 월급쟁이'라고 말한다. 아마 우리나라를 대표하는 기업의 CEO급 정도의 연수입이라고 생각하면 될 것 같다. 우리나라 대표적인 전업투자자인 내가 그런 분들과 견줄 만한 정도의 수익을 낸다는 건 전혀 이상한 일이 아니라고 본다.

전업투자로 성공한다는 것, 특히 나와 같은 수준에 오르는 일이 쉬운 일은 아니지만 절대 불가능한 일도 아니다. 요즘은 주식투자의 환경이나 조건이 좋아졌고, 주식을 배우고 공부하는 일도 과거보다 한결 수월해졌다. 대부분의 주식투자자가 필자보다 뛰어난 자질을 가졌다고 생각한다. 똑똑하고 이성적인 주식투자자 입장에서는 안정적으로 돈을 벌어다주는 수익모형을 갖추어 이를 잘 실천만 하면 필자가 주식투자로 누린 수익의 경험 이상을 충분히 만들 수 있을 것으로 생각한다. 주식투자로 부자가 되기 위한 정답은 이미 책 곳곳에 공개되어 있는데, 이 정보를 누가 재빨리 자신의 것으로 만들어 실천하느냐의 문제만 남아 있을 뿐이다.

20

매일 주식을 할 필요가 없다

전업투자자라고 해서 매일 HTS 창을 켜고 매매해야 한다는 강박관념도 버려야 한다. 물론 비록 매매를 하지 않더라도 꾸준히 시장을 관찰하며 주시하는 일을 멈추어서는 안 된다. 주식시장을 주시하되, 매일 사고팔아야 한다는 매매 중독에서 벗어나자는 이야기다. 전업투자자라면 때때로 몇 달이고 기다릴 줄 아는 인내심도 갖추어야 한다.

예를 들어 IMF 사태 당시에는 전 국민이 패닉에 빠져 시장이 6개월 정도 하락세였다. 2008년 미국 금융위기 당시에는 3개월가량 주식시장이 급락세를 보여 힘들었고, 2020년 코로나19 사태에서는 대략 2개월의 폭락 시기를 경험했다. 여기서 강조하고 싶은 건 제아무리 장이 호의적이고 좋은 분위기일지라도 1년 내내 좋을 순 없다. 예기치 못한 이슈와 변수로 1년에 반드시 1~2개월 정도는 하락기가 나타난다. 간혹 우리가 겪는 변동성이 큰 시기에는 되도록 투자를 쉬는 것이 이롭다. 나 역시 전업투자 초기 시절에는 시장 흐름을 파악하는 안목이 부족했다. 당시에 나는 주식시장에서 떠도는 말들 가운데 하나를 듣고서는 그 내용을 실천하고자 애를 썼다.

'축구선수가 비가 온다고 공을 안 차냐? 전업투자자는 장이 나빠도 쉬어선 안 된다!'

경험이 부족했던 시절이었기에 나는 저 말을 곧이곧대로 믿고 장이 열리는 날이면 하루도 쉬지 않고 매매했다. 그러나 투자 결과는 매매를 안 했을 때보다 어려운 경우가 많았다. 그렇게 시간이 흐르면서 경험을 통해 깨달은 진리는 대세 하락기 시장은 웬만해서 이기기 어렵다는 사실이었다. 아니 이길 수 없었다. 전업투자자일지라도 장이 안 좋을 때에는 가급적 쉬어야 한다. '직장인처럼 매일 회사에 나가 일을 해야 한다'는 식의 부담을 갖지 말자는 이야기다.

하루도 빠짐없이 매매해야 한다는 생각은 전업투자자들이 바꾸어야 할 고정관념 중 하나다. 대세 하락기에는 중장기투자도 수익을 내기가 어렵다. 시장이 양호하다가 단기적으로 일정 부분 지수가 크게 떨어지는 시기가 나오기도 하는데, 이때는 단기매매도 심리적으로 흔들리기 때문에 수익을 내기가 어렵다. 이런 상황에서는 매매해야 한다는 생각을 잠시 접고 마음 편히 쉬면서 관망하기를 추천한다. 참고 기다리면 반드시 기회가 다시 찾아온다. 수많은 강연 자리에서 내가 강조했던 것처럼, 때로는 쉬는 일이 어설픈 투자보다 백 배 더 현명한 결정이 되기도 한다.

21

을이 아닌 갑으로 살려면, 현금 확보!

우리가 대세 하락기와 같은 부정적이고 암울한 시장에서 휴식 시간, 쉬는 텀을 가지려면 생존에 필요한 현금을 확보할 필요가 있다. 쉬더라도 먹고 사는 일까지 쉴 수는 없다. 필자는 나름 만반의 사전 준비를 하고 시작한 전업투자였고 게다가 운도 따라준 덕분에 전업투자를 시작한 초기 몇 달간, 처음 생각한 생활비 수준의 수익보다 좀 더 많은 수익을 낼 수 있었다. 수익이 나면 바로 현금화하기로 원칙을 세웠고, 이를 잘 지켰기에 순간순간 찾아오는 어려운 시기를 무탈하게 보낼 수 있었다.

처음엔 적은 금액으로 전업투자에 나선 상황이었기 때문에 경제적으로나 심리적으로 여유가 부족했지만, 일정 부분 현금을 확보한 일이 늘 가뭄에 단비와 같은 역할을 해주었다. 그 결과 시장이 안 좋을 때면 매매를 중단하고 쉬면서 시장을 관망하며 지낼 수도 있었다. 이렇듯 단기투자에서는 현금 확보가 중요한 역할을 한다는 것을 말하고 싶다.

한편, 주식시장은 늘 강세장만 있는 게 아니다. 약세장이나 보합장이 늘 반복적으로 나타난다. 이처럼 약세장 또는 보합장일 경우, 투자금액 전체가 주식으로 채워져 있다면 주식투자자의 투자 운신의 폭이 좁아질 수밖에 없다. 나의 자산이 커지느냐 줄어드느냐가 투자자 자신에게 있는 게 아닌 시장에 맡겨야 하는 상황에 놓인다. 한마디로 투자자 입장이 시장 상황에 좌지우지되는 '을'로 변하는 것이다.

물론 약세 또는 보합장이 아닌 강세장에서도 투자금액의 일부분을 현금으로 갖고 있다면, 시장이 매일 열리고 거의 매일 신선하고 매력적인 종목이 눈에 띄니까 투자할 수 있는 기회가 다시 생긴다. 그래서 현금 확보의 중요성을 강조할 수밖에 없다.

특히 단기투자자일 경우 현금 보유액이 많을수록 계좌를 운용하는 데에도 유리하다. 필자는 방송과 강연 등에서 '현금 보유가 주식투자를 할 때 갑의 위치에 서도록 만든다'고 누차 강조했다. 그 이유는 우리가 가진 모든 돈을 투자한 상태라면 오로지 주가가 오르기만을 기다려야 하는 '을'이 되기 때문이다. 유망하고 가치 있는 종목이 눈에 띄더라도 현금이 없으면 말짱 헛일이다. 따라서 현금 확보는 힘든 시장을 묵묵히 견디도록 해줄 뿐만 아니라, 눈에 띄는 종목이 나타나면 곧바로 매수할 수 있는 등 투자 운신의 폭을 넓혀준다. 그리고 현금 보유로 인한 심리적 안정도 무시할 수 없다. 투자자는 늘 마음에 여유가 있어야 한다.

이 책을 읽는 독자들도 여유를 갖고 투자에 임하는 자세가 얼마나 중요한지 잘 알 것이다. 누구나 그렇듯 상황이 나쁘게 몰리면 견디기가 어려워지는데, 벼랑 끝에 몰리면 이성적으로, 그리고 머리로는 알아도 행동이 따르지 못하는 실수를 저지를 확률이 높아진다. 그러니까 자주 오판하는 일이 생길 수 있다. 아직 경험이 부족한 전업투자 초기에는 돌이킬 수 없는 실수를 되도록 최소화하고 줄이는 것이 무엇보다 중요하다. 따라서 향후 전업투자를 계획 중인 분들은 최소한 몇 개월 치, 또는 1~2년 치의 생활비 여유를 갖추고 시작하는 것이 좋다고 생각한다. 현금 확보의 유무가 전업투자자의 수명을 짧게 또는 길게 만드는 예상 밖의 복병 역할을 한다는 점을 기억할 필요가 있겠다.

참고로, 단기투자 계좌 속의 보유 종목이 높은 수익을 가져다준다면 그것보다 행복한 일이 없을 것이다. 나는 상·하한가 변동폭이 30%로 바뀌고도 30% 상한가를 두 번이나 수익을 낸 경험이 몇 차례 있었다. 강력한 호재로 첫 상한가 점상 그 다음 시초가 상한가 또는 15% 이상 높은 가격에 시작되면 무조건 장 초반에 시장가 매도를 한다. 그리고 당분간 해당 주식을 안 들여다보는 게 좋다. 이처럼 마음속으로 정해둔 선에서 수익이 날 때마다 해당 계좌 수익금은 더 욕심 부리지 말고 바로바로 인출하는 것을 하나의 투자원칙으로 삼았다. 이 초심은 내가 전업투자를 시작한 이래 지금까지 20년 넘도록 실천하는 일 중 하나다. 여러분도 참고할 수 있는 투자원칙 중 하나로 제시한다.

22

주식투자 독립을 이루자

주식투자에 나서게 된 일반 투자자는 종목을 매수하는 일이 가장 어렵다고 느낀다. 코스피, 코스닥에 상장된 기업만 해도 2,000개가 넘고 어떤 종목이 유망한지 하나씩 배우고 공부하며 투자하기에는 마음이 너무 급하다. 아는 것이 없으니 대부분 주변의 지인 추천으로 매수에 나서는 분들도 많다. 그런데 사실 여러분의 지인도 투자 성과가 썩 좋은 편이 아닌 경우가 대부분일 것이다.

요즘에는 유튜브나 SNS를 이용한 종목 추천이나 증권사 강연이 매우 활발하다. 그러나 우리가 모르는 사실이 있다. 일부 유튜버나 강연자들은 주식투자로 얻는 수익보다 플랫폼을 이용한 수익을 기대하고 활동한다는 점이다. 어쨌든 과거보다 지금은 주식투자를 쉽게 배울 수 있는 환경이다. 시장이 상승장일 경우 주식 초보자라 불리는 '주린이'들도 수익을 낼 수 있다. 34년 전 필자 역시 신문을 펼쳐놓고 찍어서 처음 매수한 종목이 대박 나지 않았더라면 이후 주식투자를 외면했을 것 같다. 수익이 나고 돈을 벌면 기분이 좋아져 흥분하는 게 사람이다. 그 낙관적인 감정을 조절하고 주의를 기울이지 않는다면, 금세 비관적인 상황으로 돌변하는 주식투자 세계에서 오랫동안 버티기가 어렵다.

대체로 운이나 재수란 것은 한두 번 정도만 찾아오고 멈춘다. 연속적인 운 좋은 투자수익은 '실력'이다. 비록 '주린이'일지라도 자신이 선택한 종목에서 연이어 수익이 난다면 주식투자에 뛰어난 재능이 있다고 봐도 좋을 것이다.

주식투자 경험이 5~10년이 넘었어도 안정적인 수익이 나지 않는 투자자를 주변에서 많이 본다. 이런 분들은 대체로 이론적으로는 많이 알아도 실천이 부족한 분들이다. 주식투자를 비롯한 금융투자는 말을 잘하고 금융에 관한 해박한 지식이 있어도 '투자 성과'가 없으면 무용지물이다. 즉 투자 성과가 실력이다. 아무리 오랫동안 투자했을지라도 수익이 안 나면 '주린이'와 다를 바 없다. 투자자 본인이 남의 도움 없이 종목을 선택하여 매수하고, 매수한 종목이 수익을 실현해 매도함으로써 계좌에 돈이 늘면 주식투자에 성공한 것이다. 이런 경험이 반복되어 수익이 나오는 확률이 50%가 넘으면 '주식투자 독립'이라고 부를 수 있다.

주식투자 독립이 되어야만 전업투자의 삶을 이어갈 수 있고, 주식투자로 부자가 되려는 꿈도 이룰 수 있다.

전업투자자는 직장인의 근로소득인 보호막이나 안전장치가 없다. 오로지 실력으로 투자 수익을 냄으로써 생활을 꾸려가야 한다. 따라서 전업투자자로 나서기에 앞서, 철저한 준비가 없다면 낭패를 보기 쉽다. 투자일지 쓰기도 중요한 일이다. 나는 전업투자 초기 시절부터 투자일지를 꾸준히 써왔다. 처음엔 얼마 안 되는 투자금이었지만 월말마다 정산을 했다. 그렇게 해보니 수익의 결과가 한눈에 파악되었다. 전업투자 초기 1~2년은 수익이 나는 개월 수가 평균 절반 정도였다. 이 말은 절반 정도는 손실을 경험했다는 이야기다. 그리고 3년 이후를 살펴보니 1년 기준 8개월 수익, 4개월 손실이 났다. 이때 나는 부족한 공부를 더 열심히 하고 한결 더 조심해가며 실력을 다졌다. 그런 경험이 쌓여 지금은 연평균 10개월의 수익이 나고 2개월 손실이 발생하는 수준에 이르렀다. 최근의 결과를 소개하면, 대내외 악재로 시장이 좋지 않았던 2019년의 경우 9개월 수익 3개월 손실이 발생했다.

손실이 발생하지 않는 주식투자자는 세상에 없다. 다만 손실이 발생할 때 손실 금액을 최소화하고 수익이 날 때 수익금을 극대화하는 전략이 필요하다. 전업투자자의 주식투자는 고상하지도 않고 낭만적이지도 않다. '주식투자 독립' 선언을 하고 1년 투자 수익금이 1년 생활비를 상회할 때, 그리고 부침 없이 시장수익률 대비 초과 수익률을 내는 수준에 이르면, 소위 '시장을 이기는 전업투자자'가 된다. 이런 전업투자자는 풍요한 인생이 눈앞에 펼쳐진다.

23

라스트 찬스 투자론

전업투자자라면 간절함과 절실함을 마음에 품고 투자해야 한다고 강조했다. 한시라도 투자에 집중하는 일도 잊어서는 안 된다. 간절함과 절실함, 그리고 집중력을 하나로 묶어 적당한 말로 표현한 것이 '라스트 찬스 투자론'이다. 다른 말로 바꾸자면 '원샷, 원킬 투자론'이다. 라스트 찬스든 원샷, 원킬이든 이 말 속에는 최고의 집중력이 필요하다는 의미가 내포되어 있다. 두 번 다시 없는 단 한 번의 기회에 나의 모든 역량을 쏟아 부어 최고의 성과를 내야 한다는 의미다.

우리가 주식투자를 할 때에는 라스트 찬스라는 마음자세로 임해야 함을 잊어서는 안 될 것 같다. 예컨대 맹수를 겨냥한 사냥꾼의 라스트 원샷이 제대로 성공하면 사냥의 기쁨을 누릴 수 있겠지만, 반대로 그 원샷이 실패하면 최악의 상황인 죽음을 맞게 될 수도 있다. 사냥을 하려다 맹수의 먹잇감이 될 수도 있으니 그가 가진 라스트 찬스, 원샷의 기회를 반드시 살려야 한다. 주식투자를 하는 분들은 이런 마음자세가 필요하다.

게으르고 나태하며 고정관념에서 쉽게 못 벗어나는 잘못된 매매습관은 간절함이나 절실함. 집중력과는 정반대의 자세다. 어떤 종목의 단 한 주를 매수하더라도 투자자, 특히 전업투자자라면 이번이 나에게 주어진 마지막 기회라고 생각하며 행동해야 한다. 쉽게 인정하기 싫겠지만, 실패의 모든 결과가 간절함, 절실함, 집중력 부족으로 인한 것이다.

전업투자자라면, 매 순간 투자에 집중하라.
내가 사들인 종목에서 꼭 수익을 내야 한다!

누구에게나 라스트 찬스가 있다. 라스트 찬스는 두 번 다시 오지 않는 기회니까 반드시 성공해야 한다. 사냥꾼은 맹수를 단 한 번에 명중시켜야 목숨을 지킨다. 투자자는 단 한 번의 매수가 실패하면 생계가 어려워질 수도 있다는 절박함으로 주식투자에 임해야 한다. 나의 경험을 공유하자면, 간절함이 클수록 성공 확률도 높아진다는 점이다. 집중력이 높아야 수익의 극대화가 이루어지고, 몸속에 깃든 간절함과 집중력이 나쁜 투자습관을 하나씩 떨쳐버리도록 만든다. 그렇게 함으로써 성공 확률이 조금씩 높아져 감을 느꼈다. 그리고 어느 정도 주식투자에서 고수 수준에 이르면 웬만해서는 손해를 보지 않는다.

　사냥이든 투자든 처음부터 잘하는 사람은 없다. 이론을 공부하고 경험을 통해 하나씩 배워가야 한다. 간혹 지나간 실수를 너무 자책하는 분들도 있는데, 절대로 그럴 필요가 없다. 손실을 가져온 실수를 잊지는 말되, 이를 되풀이하지 않는 것이 더 중요하다.

누구나 전업투자자가 될 수는 있어도, 모든 전업투자자가 성공하는 건 아니다. 그렇지만 성공적인 전업투자자의 길이 불가능하고 어려운 일도 아니다. 방송, 강연, 책을 통해 필자의 투자 경험과 부자로 살 수 있는 노하우를 여러분과 공유하는데, 내 강의를 들은 분들이 동의하듯 사실 나는 어려운 이야기를 하지 않는다. 뜬구름 잡는 허황된 소리가 아닌, 누구나 실천할 수 있는 쉽고 현실적인 이야기가 주를 이룬다. 이런 이야기가 투자자 여러분에게 잘 전달되어 경제적 독립을 이루고 부자가 되기를 바랄 뿐이다.

뭐니뭐니 해도 전업투자자는 일단 기본 실력이 있어야 하는데, 실력은 수많은 경험을 통해 다져진다. 여러분이 비록 지금까지는 실패했더라도 너무 낙심하지 말았으면 한다. 과거의 실패는 성공적인 전업투자자가 되기 위한 과정으로 여기면 된다. 단, 투자에 대한 고정관념이나 잘못된 매매습관이 있다면 청산하는 것이 우선이다.

그리고 전업투자자의 목표 중 하나로 여윳돈, 쌈짓돈을 마련하는 일도 기억하기 바란다. 여윳돈은 심리적 안정을 제공해주는데, 심리적 안정을 이룬 후에야 비로소 투자 안목이 크게 높아진다. 심리적 안정은 전업투자자가 어려운 시장을 헤쳐 나가는 데 큰 도움이 되는 요소다.

24

직장인 투자자를 위한 조언

주식투자 인구 700만 시대인 만큼 지금은 직장인들도 주식투자에 관심이 높다. 나도 14년간의 직장생활과 학원 운영을 하면서 주식투자를 병행한 경험이 있다. 주식시장에 처음 입문한 당시의 마음가짐은 호기심 반, 기대 반이 섞여 있었다. 직장생활을 할 때에는 틈틈이 주식을 들여다볼 수밖에 없었다. 직장인이다 보니 지금처럼 하루 종일 시황을 살펴볼 만한 시간도 부족했고, 전반적인 투자 환경도 지금보다 많이 열악했다.

투자 안목이 부족한 시절이었기에 남들이 모르는 남석관의 주식투자 흑역사가 바로 이때 만들어졌다. 몇 달 치 월급을 계좌에 넣으면 수익은커녕 밑 빠진 독에서 물이 사라지듯 하여 마음이 상한 손해를 몇 차례 제대로 경험했다. 지금 생각해도 속이 쓰리는 패배의 경험이었다. 지금 이 시간, 직장인 투자자들 중 많은 분들이 내가 과거에 했던 실패 경험을 되풀이할 것으로 생각한다.

📊 급증하는 직장인 투자자들?

최근 들어 직장인 주식투자자 인구가 크게 늘었다. 월급만으로는 미래를 대비할 수 없다는 그들의 불안함은 주식투자로 시선을 돌리도록 만든 것이다. 세간에 떠도는 이야기에 따르면, 장이 열리기 직전인 오전 8시 50분 무렵이 되면 너도나도 주식을 매매하기 위해 회사 안에 마련된 휴게실 또는 화장실이 붐빌 정도라고 한다. 업무시간이 되기 전, 미리 주문을 내려는 직장인들의 고육지책이 느껴진다. 직장인 투자자의 경우 전업투자자가 취할 수 있는 전략을 똑같이 가져갈 수는 없다. 투자 여건과 상황이 일반 투자자나 전업투자자와는 무척 다르기 때문이다. 특히 주식투자에 집중, 할애할 수 있는 시간의 차이가 직장인 투자자와 전업투자자의 가장 큰 차이라고 말할 수 있다. 따라서 직장인이라면 자신의 투자 환경에 적합한 투자 수익모형을 만들어 실천하는 일이 중요하다.

직장인은 전업투자자와 비교했을 때 주식투자에 할애할 시간적 여유가 부족하다. 이는 직장인으로 사는 한 바꿀 수 없는 현실이다. 그런데 이런 상황 때문에 '직장인이 주식을 해봐야 별 볼일 없고, 수익도 안 난다'고 터부시하면 안 된다. 누구나 자신에게 주어진 환경과 여건이라는 게 있다. 하루 종일 시황을 들여다볼 수 없으니까, 늘 불리한 입장에서 투자한다는 생각 자체가 어쩌면 투자를 방해하는 고정관념이다.

인간에게는 창의력, 응용력, 적응력이란 능력이 주어졌다. 불리한 것만 생각하면 매사가 억울하고 불만이 늘어날 뿐 삶에 전혀 도움이 안 된다. 자신에게 주어진 투자 환경에 맞춘 최적의 투자법이 무엇일지 고민하고, 그 안에서 답을 찾고자 하면 새로운 답이 보인다. 나는 그렇게 생각한다. 직장인이기 때문에 투자 환경이 불리하다는 생각을 버리고, 비록 직장인일지라도 '주식투자를 통해 월급 이상의 수익을 충분히 낼 수 있다!'는 믿음을 갖도록 하자.

나는 우리나라 시장을 넘어 미국 주식에도 관심이 많다. 당연히 수익이 될 만한 종목에 투자한다. 미국 시장이 열리는 시간은 우리와 정반대다. 처음에는 시차라는 현실이 투자를 방해하고 불가능할 것이라고 생각했다. 만약 시황을 들여다보며 실시간으로 대응하겠다고 잠을 설치면 국내 시장을 살피는 데 방해가 될 게 불 보듯 뻔했다. 나는 고정관념을 바꾸어 '예측'과 '대응'이라는 단어에서 미국 주식시장을 공략할 방법을 찾았다. 평소 꾸준한 학습을 통해 비록 미국 시장일지언정 장이 돌아가는 상황 정도는 어느 정도 예측할 수 있었다. 단기투자가 현실적으로 불가능하니까 지수를 이끌어가는 주요 기업의 주식과 ETF 투자도 예약 주문으로 매수했다.

바로 위와 같은 방법이 직장인 주식투자자에게 하나의 해법이 될 수 있다. 눈에 잘 안 보이지만 반드시 길을 찾고자 한다면, 숨어 있던 길이 보인다. 세상을 살아가는 일이 대부분 그렇잖은가.

저마다 각자에게 주어진 환경에 맞춘 투자방법을 고민하고 찾아야 한다. 매시간 주식을 못 보니까 불리하다는 투자 환경 탓만 하면 발전할 수 없다. 진정한 강자는 불리함을 유리함으로 바꾸는 사람들이다. 직장인 투자자가 주식투자 시 도움 받을 수 있는 툴(Tool)은 생각보다 많다. 요즘은 MTS가 일반화되었다. MTS가 제공하는 여러 가지 알림 기능을 적극 활용하면 굳이 직접 들여다보며 확인, 점검, 대응해야 했던 일에서 벗어나 한결 편하게 대응할 수 있다. 각 증권회사 MTS 프로그램에서 제공하는 알람, 푸시 기능을 활용한 주식투자로도 충분히 수익을 낼 수 있다. 내가 보유한 주식가격이 매도가 근처에 이르면 알려주는 알람을 사용하는 것이다. 매수매도 시 예약 주문을 낸 이후 체결 여부도 미리 정한 알람 설정으로 알 수 있다. 이런 기능들을 잘 활용하면 직장인 투자도 충분히 주식투자에 참여할 수 있다.

비록 직장인 투자자일지라도 틈틈이 시장을 공부함으로써 예측 능력을 조금씩 키워나가야 한다. 특히 주가의 변동성에 대한 예측 능력을 키우는 데에 힘써야 하는데, 이는 직장인 투자자에게 국한된 이야기가 아닌 모든 투자자가 배워야 하는 일이다. 아무튼 MTS의 적절한 활용은 눈으로 직접 모니터를 보며 투자하는 것보다 유용할 때가 많다고 생각한다.

MTS 알람 기능을 활용하면 눈으로 직접 보며 따라하는 주식투자보다 이성적 · 합리적으로 대처할 수 있다.

'직장인 투자자니까 주식투자 여건이 모두 불리하다'는 생각을 바꾸자. 그런 생각은 투자를 방해하는 고정관념이다. 다만 직장인 투자자의 경우 목표수익률을 조금 낮추어 잡는 것이 좋다. 즉, 더 오를 것이라는 욕심을 조금은 비우고 주식투자를 하기 바란다.

특히 MTS를 활용한 주식 거래는 이성적·합리적인 투자를 하도록 돕는다. 하루 종일 호가창만 들여다보면서 투자하는 일보다 한결 안정적인 주식투자를 할 수도 있다. 모니터만 바라보며 매매하다 보면, 단기간에 급등하는 종목에 익숙해지고 부화뇌동하거나 추격매매에 나서기가 쉽다. 그러나 호가창을 자주 볼 수 없는 환경이라면 자연스럽게 천천히 상승하는 종목, 기업의 가치를 따져가며 투자할 수 있는 여유가 생긴다. 결과적으로 이성적·합리적인 투자가 가능해진다. 직장인이니까 투자 환경이 불리하다고 여겼지만 오히려 유리한 환경으로 작용한다.

나는 바로 이런 부분이 직장인 투자자만의 장점이라고 생각한다. 주변에서 들려오는 누가 얼마의 수익을 냈다는 둥의 이야기에 흔들리거나 현혹될 필요가 없다. 비법이라고까지 말하기는 좀 그렇지만, 앞에서 말한 단기투자 모형의 'N형 패턴', '십자도지형 패턴'의 매매 방법도 직장인에게 유용한 투자 수익모형이 될 수 있다. 물론 중장기투자나 단기투자를 포함하여 일반 투자자나 전업투자가가 참고하는 단기투자 매매 방법을 직장인도 얼마든지 적용할 수 있다.

성공적인 투자로 이끄는
몇 가지 퍼즐

첫 모습은 용의 머리처럼 의기양양할지라도 뒤로 갈수록 뱀의 꼬리를 닮은 모습이 '용두사미(龍頭蛇尾)'입니다. 주식투자에서도 용두사미의 형국이 나타날 수 있는데요, 4장에서는 주식투자자들이 쉽게 지나치거나 놓칠 수도 있는 몇몇 이야기들이 전개됩니다. 간략하게 몇 가지를 소개하자면 리스크 관리, 주식투자와 행동경제학의 관계, 수익을 만드는 투자 루틴, 포트폴리오 및 계좌 관리 등입니다. 성공적인 주식투자자가 되어 큰 수익을 내는 데 도움을 주는 마지막 퍼즐이라고 생각하면 될 것 같습니다. 저자의 말처럼 '특별하지 않은 듯하지만, 특별한 비법'이랄 수 있습니다. 주식투자의 성패 관건은 누가 얼마나 더 실천하느냐의 문제입니다.

01

주식투자로 대박난 사람 쪽박찬 사람

주식시장은 특별한 일이 없는 한, 장이 매일 열리고 누구나 참여할 수 있다. 나처럼 전업으로 투자할 수도 있고 틈틈이 시간을 쪼개어 여유 시간에 투자하는 일도 가능하다. 주식투자는 남녀노소, 학력, 성별, 세대 등을 가리지 않는다. 사회생활 경험의 많고 적음이나, 투자금액의 많고 적음도 따지지 않는다. 지금은 누구나 주식투자를 하는 시대이며, 사람들은 주요 재테크 수단 중 하나가 주식투자라고 생각한다.

최근 신규 주식투자 인구가 크게 늘어난 점을 고려하더라도 지금은 '주식투자 전성시대'라고 불러도 지나친 이야기가 아니다. 유튜브와 SNS를 비롯한 각종 매체에서는 온통 주식 이야기로 가득하다. 심지어 지상파 TV에서는 주식 관련 인사가 출연하여 자신의 투자 경험담이나 주식투자 방법론 등을 소개하는 모습도 심심찮게 볼 수 있다.

문득, 10여 년 전의 웃지 못 할 에피소드가 하나 떠올라 소개한다. 아마도 2008년 무렵이었던 것 같다. 나는 당시 모 지상파 방송국의 어떤 프로그램 PD와 인터뷰를 했다. 방송 콘셉트는 '주식투자로 대박을 쫓는 사람, 쪽박을 경험한 사람'이었던 걸로 기억한다. 방송국에서는 주식투자로 성공했다고 알려진 나를 찾아와 이런저런 질문을 던졌고, 내가 답하는 진행 형식이었다. 2시간 정도 인터뷰를 한 후, 나는 담당 PD에게 '방송이 나가는 건 좋지만 얼굴이 공개되는 일은 조금 부담스럽다'고 털어놓았다.

당시만 해도 주식투자에 대한 사람들이 인식이 지금처럼 호의적이지 않았다. 주식투자가 건전한 재테크의 한 분야라고 인식되기보다 투기에 가까운 영역이라고 여겨지기도 했다. 불과 10여 년 전의 일이다. 전업투자라는 직업 자체를 부정적인 시선으로 바라보던 과거와 현재의 상황을 비교하면 격세지감이 느껴진다. 그런데 과거의 주식투자 개인 참여자들은 크게 두 부류로 나눌 수 있었다. 하나는 합리적인 주식투자로 대박 내지는 수익을 경험한 투자자, 나머지 하나는 비합리적인 주식투자로 쪽박을 찬 사람들이다.

주식투자를 실패하는 가장 큰 원인은 준비 부족이다. 스스로 준비가 돼 있지 않다면 주변 이야기나 정보에 휘둘리고 무모한 투자에 나서기 쉽다.

시장이 거침없이 올라 호황일 때에는 주식투자 결과를 놓고 우리가 흔히 듣는 이야기가 있다. '누가 어느 종목에 얼마를 넣어 큰돈을 벌었다'는 식의 소문이다. 거꾸로 시장이 폭락할 때에는 정반대의 이야기가 시장에 나돈다. 주로 망해서 쪽박을 찼다는 이야기들이다. 그런데 시장의 상황과 관계없이 주식으로 수익을 낸 사람과 손해를 본 사람의 비율을 살펴보면, 돈 번 사람보다 잃은 사람이 압도적으로 더 많다. 여러분도 주변에서 주식으로 큰 수익을 벌었다는 이야기보다 손해를 보았다는 이야기를 더 많이 들어봤을 것이다. 과거의 수많은 주식투자자들이 돈을 벌기 위해 들어갔다가 돈 잃고 맘 상해서 나오게 된 데에는 그만한 이유가 다 있다.

📊 과열된 시장에서의 추격매수

주식시장 분위기가 과열되면 일부 투기적인 요소가 나타나기도 하는데, 투자자라면 합리적이면서도 이성적인 주식투자를 견지해야 한다. 여기서 말하는 합리적인 사고란 '나름의 투자원칙 지키기'를 의미하고 이성적인 투자란 '과열 또는 폭락장에서 쏠림 없는 투자자세 유지'를 말한다. 그런데 투자자 나름의 투자원칙 지키기는 대박과 쪽박을 가르는 기준이 되기도 한다. 나는 본문 곳곳에 그동안 주식투자를 하면서 깨닫고 터득한 몇 가지 투자원칙을 소개했다. 그러한 투자원칙은 내가 말하는 것 이외에도 여러 가지 방법이 있다. 누구나 자신의 투자 성공 경험을 반복함으로써 원칙으로 만들 수 있는 것이다.

다시 시장 이야기를 해보려 한다. 변동성이 높아져 크게 과열된 시장에서 우리가 잃지 말아야 할 믿음은 무엇일까? 시장이 과열되면 주식투자자 대부분 마음이 급해지고 쉽게 흥분한다. 이는 시장을 지켜보면서 경험한 현실이다. 투자자들은 크게 올라가는 지수를 지켜보면서 이성을 잃곤 한다. 이미 과열되어 가격이 비싼데도 불구하고 지금 내가 들어가지 않으면 왠지 손해를 본다고 생각한다. 그렇게 추격매수가 이루어지는데, 심지어 신용을 끌어다 쓰는 분들도 꽤 많다. 변동성이 커 다시 떨어질 수 있다는 사실을 잘 알면서도 주가가 오를 땐 이런 기억이 말끔히 지워지고 마는 것이다. 가파르게 오르는 상승세에 편승하여 수익을 내겠다는 생각이지만, 이는 감정적인 투기와 거의 유사하다. 정신을 차렸을 땐 이미 시퍼렇게 멍든 계좌만 쳐다보며 한숨짓는 자신을 만나게 될 것이다. 나역시 장중에 추격매수에 나섰다가 종가 기준 지수가 크게 떨어져 손해가 막심했던 과거의 기억을 떠올리며 실수를 줄이고자 노력해왔다.

흔히 주식투자자들은 시장 분위기가 가라앉고 떨어질 때에는 조심하는 반면, 지수가 높이 오를 경우에는 흥분한다. 오를 때 주식을 안 갖고 있으면 마치 손해를 본다는 무모한 생각에 사로잡히기도 한다. 그래서 크게 오른 주식에 손이 나가는, 즉 추격매수 주문을 내는 것이다.

쪽박찬 투자자가 될지, 비록 대박까지는 아니더라도 수익이 나는 투자자로 남을지의 선택은 투자자 자신에게 달려 있다. 자신의 노력 여하에 따라 대박을 터트리거나 쪽박을 차거나 둘 중 하나의 결과와 마주한다.

02

주식투자와 행동경제학

내 주변에는 주식투자를 하는 분들이 매우 많다. 30년 이상 주식을 하면서 이래저래 알고 지내게 된 분들이다. 그들 중 몇몇 분과는 가깝게 지내기도 한다. 이렇듯 여러 사람과 교류하면 자연스럽게 주식 관련 이야기를 할 기회도 많다. 여러 사람과 주식 이야기를 하다 보니 상대방의 성격이나 기질을 어렴풋하게나마 짐작할 수도 있게 되었다. 어떤 분의 경우 '저런 성격이나 생각으로 투자하면 성공하기 힘들 텐데…'라는 안타까움을 갖도록 만들기도 한다.

정확한 통계자료는 없지만, 앞에서 소개한 '쪽박 차는 사람들' 중 성격, 기질적으로 주식투자와 안 맞는 분들도 꽤 많다. 모르긴 해도 아마 '대박난 사람들'보다 훨씬 많을 거라고 생각한다. 행동경제학이란 성격, 기질 등 '투자자의 행동'이 투자 성과와 어떤 인과관계가 있는지를 연구한 것이다. 행동경제(Behavioral Finance)의 창시자, 리처드 세일러(Richard Thaler) 교수가 2017년 노벨경제학상을 수상함으로써 행동경제학의 중요성이 크게 부각되기도 했다. 재산상 손실로 연결

되는 주식투자자의 비합리적, 비이성적인 투자습관을 바로잡는 의미에서 몇 가지 정도는 살펴볼 필요가 있을 듯하여 간략히 소개한다.

사람들은 스스로를 이성적 · 합리적 존재라고 표현한다. 더욱 솔직히 말하자면 자신이 이성적 존재라고 믿는 자기 암시에 빠져 있는 분들도 많다. 인간은 정말로 이성적 · 합리적 존재일까? 대부분의 사람들은 매사를 자기중심적으로 판단하고 생각한다. 자신이 믿는 생각과 전혀 다른 결정적 반증, 증거가 눈앞에 있어도 바위보다 무거운 자기중심적 사고가 쉽게 깨지지 않는다. 우리는 스스로 합리적인 존재라고 믿지만, 자기 생각과 고집만 앞세우는 존재에 가깝다. 영국의 사우샘프턴 대학교에서 이를 증명하는 흥미로운 실험을 했다.

① A그룹에 (a)라는 정보를 믿도록 교육시킨다.
② A그룹에 (a)라는 정보가 옳다는 증거를 제시한다.
③ A그룹에 (a)라는 정보가 틀렸다는 증거를 제시한다.
④ A그룹에 (a)라는 정보가 틀렸다는 증거를 계속 제시한다.

A그룹 사람들은 (a)라는 정보를 계속 믿을까? 아니면 자신의 생각을 바꿀까? 실험 결과는 흥미롭다. 실험 초반에 (a) 정보를 듣고 지지한 사람들은 (a)와 관련한 거짓 정보가 계속 늘어나는데도 고집스럽게 처음에 들은 (a) 정보를 진실이라고 믿었다.

주식투자에 나서는 투자자의 심리를 행동경제학과 연결하여 살펴보면 무척 흥미롭다. 주식투자자는 크게 두 가지 심리를 가지고 있다고 전해지는데, '군중심리'와 '후회기피심리'다.

먼저 '군중심리'란 많은 사람의 행동을 따르려는 것을 말한다. 대세를 안 따르면 마음이 불안해진다. 결국 자기 기준 대신 타인의 투자 기준이 의사결정에 영향을 미친다. 가령, 주가가 오를 때 매수, 주가가 떨어지면 매도하려는 심리가 대표적이다. 이런 주식투자자가 시장에 대부분이다. 급락장에서 투매가 투매를 부르거나 급등장에서 오버슈팅하는 경우가 대표적이라고 할 만하다.

두 번째 '후회기피심리'란, 후회할 일이 생겼을 때의 고통을 줄이고자 미리 변명거리를 준비하는 것이다. 주식투자에서는 100% 이길 수는 없다. 따라서 자신의 잘못된 투자결정으로 인한 후회가 늘 있게 마련이다. 이런 후회는 어쩔 수 없는 인간의 감정이지만 문제는 따로 있다. 즉, 미래의 손실로 인한 후회가 너무 두려운 나머지 현재의 행동이 비이성적으로 변한다. 대표적인 사례가 오를 주식을 미리 팔고, 크게 떨어질 주식을 오랫동안 보유하는 행위다. 그 결과 수익은 조금 나고 손실은 극대화시키게 된다. 이 또한 우리에게는 매우 익숙한 일이다.

투자 경험 맹신의 덫

주식투자자들이 쉽게 저지르는 실수 중 대표적인 것이 자신의 투자 경험을 맹신하는 일이다. 어떤 기업에 투자할 때 객관적인 정보를 가지고 하는 것이 아니라, 자신의 투자 경험만 의존하여 의사결정을 내린다. 예컨대 어떤 기업의 주가가 오래도록 5,000~6,000원 사이에서 횡보했다고 가정한다면, 이 기업의 주가를 오랫동안 관찰하던 한 투자자가 자신의 투자 경험으로 5,000원이면 무조건 매수, 6,000원이면 무조건 매도한다고 의사결정을 내릴 것이다. 이는 객관적인 정보를 바탕으로 한 투자가 아닌 자신의 투자 경험을 믿고 내린 결정이다. 그 기업의 객관적 정보로는 기업이 고평가되어 향후 주가가 훨씬 더 내려갈 수도 있다. 그럼에도 불구하고 5,000원이면 매수, 반대로 이 기업이 객관적으로 현저히 저평가되어 있음에도 6,000원이면 매도하는 실수를 범한다. 이를 행동경제학에서는 '예측 오류'라고 부른다.

우리가 자주 듣는 바둑 용어 가운데 '대마불사(大馬不死)'라는 말이 있다. 큰 덩치나 규모가 큰 집단은 어떤 위기에도 결국 살아남는다는 뜻이다. 이는 주식시장에서 투자자들이 간혹 인용하는 말이며, 또 투자 의사결정 시 우리가 쉽게 볼 수 있는 모습이기도 하다. '설마 저 기업이 망하겠어?'라는 마음으로 기업에 투자하는 사람들이 많지만, 어느 때보다 시대와 환경이 빠르게 바뀌고 대마 역시 죽기도 하는 시대가 현재의 주식시장이다.

대표적인 예로서, 역사 속으로 사라진 한진해운을 기억할 것이다. 시대가 바뀌어 언택트와 같은 새 수혜주가 생기는가 하면, 해운업종처럼 시대의 풍파를 만나 헤쳐가기 힘든 업종도 존재한다. 따라서 객관적인 정보를 통해 새로운 시대의 트렌드를 두루 살피며 주식투자를 하는 것이 마땅하다. 하지만 주식시장에 참여하는 투자자는 새로운 것을 받아들이기 거부하는 등 수용 속도가 매우 느려 지수가 상승해도 오히려 큰 손실을 보기도 한다. 행동경제학에서는 이를 일컬어 '보수주의 편의'라고 부르는데, 투자자가 자기 생각과 믿음을 쉽게 안 바꾸고, 새로운 흐름이나 트렌드에 빠르게 대응하지 않음을 뜻한다.

행동경제학에서 고정관념이란 처음 기준점을 설정할 때 가진 생각에 사로잡혀 정보를 왜곡해서 수용하는 현상이다. 이를 주식으로 말하자면 매수가격이 기준점이 되는 것이다.

처음 매수 시의 가격이 기준이 되어 그 가격보다 더 비싸면 추가매수를 망설이고, 가격이 떨어지면 물타기를 한다. 삼성전자를 예로 들어 설명하자면, 삼성전자의 경우 상장 이후 꾸준히 우상향을 보여준 기업이다. 삼성전자의 주력인 반도체와 스마트폰이 세상을 지배했고, 이후에는 시대 트렌드를 선점함으로써 꾸준히 성장하고 있는 중이다.

그런데 만약 A라는 사람이 처음에 삼성전자를 분할하기 전 100만 원에 샀다고 가정해보자. 그리고 주가가 꾸준히 상승해 130만 원에 수익을 실현했다면, 이후로도 삼성전자는 계속 성장함으로써 주가가 크게 상승했다. 이 경우 투자자 A는 삼성전자 주식을 다시 사는 것을 망설일 것이다. A뿐만 아니라 대부분의 투자자가 삼성전자를 다시 매수하는 결정을 주저하는 것이 현실이다. 그 이유는 내가 처음 매수한 가격이 100만 원이기 때문이다. 처음 100만 원에 매수한 기억이 있는 종목을 150만 원, 200만 원에 매수하기란 내키지 않는 일이다.

이는 비단 삼성전자에만 국한된 이야기가 아니며, 이런 심리가 행동경제학에서 말하는 '고정관념'이다. 실제로 몇 년 전 삼성전자를 200만 원에 모두 매도했다고 자랑스럽게 인터뷰한, 시장에서 꽤 알려진 가치투자자가 생각난다. 이후에도 삼성전자는 8만 원(액분전 가격 400만 원) 이상 상승했다. 이 사례는 우리 머릿속을 사로잡는 고정관념 깨기가 성공적인 주식투자자가 되는 또 하나의 방법이라는 점을 알려준다.

이처럼 주식투자는 행동경제학과도 밀접한 관련이 있다. 성격이 급하거나 자기 확신이 너무 강한 사람들, 이런 분들 중 대부분은 '정보처리 오류'나 '행동학적 편의' 등의 문제를 가지고 있다. 만약 본인이 수익이 나지 않는다면 행동경제학상의 문제를 점검하는 것도 도움이 된다. 행동경제학을 이해하는 투자자와 그렇지 않은 투자자의 결과는, 낚시 고수와 낚시 초보자가 물고기를 잡는 행위와 같다고 비유할 수 있다.

행동경제학을 깨우친 주식투자자는 시장이 왜 그렇게 변하고 어떻게 대응해야 좋을지를 잘 안다. 반대로 그렇지 않은 주식투자자는 자신이 시장에서 어떤 부분에서 손실이 나는지, 어떻게 대응해야 좋을지 몰라 갈팡질팡할 가능성이 높다.

04

돈을 불러오는 '투자 루틴'

사람들이 지닌 건강상의 특징이나 몸의 생리적 성질을 일컬어 체질이라고 부른다. 주식투자에서도 사람마다 특징과 성격이 나타나는데, 이를 '투자체질'이라고 부를 수 있겠다. 투자체질을 한마디로 정리하면, '투자습관'이라고 봐도 무방하다. 우리가 투자체질을 개선한다는 건 나의 투자습관을 되돌아보고 혹 잘못된 부분, 부정적인 부분이 있다면 이를 하나씩 고쳐가야 한다는 뜻이다. 그런데 투자체질 개선이 말이 쉬울 뿐 한번 몸에 들인 습관, 특히 잘못된 습관은 여간해서는 고치기 어렵다. 그래서 가장 좋은 것은 처음 주식투자를 배울 때 좋은 습관을 몸에 익히고 실천하는 일이다.

세계적인 투자자 워런 버핏도 처음부터 주식투자를 잘하지는 못했다고 알려져 있다. 시간과 비례하여 자신의 투자 경험을 갖고, 나름의 노하우와 경륜이 뒷받침되어 실력이 늘었다고 봐야 한다. 워런 버핏 역시 실패를 경험했고, 이를 토대로 투자체질을 바꾸어 성공한 사례다. 굳이 멀리 이국땅의 워런 버핏 이야기가 아니더라도 나의 경험도 마찬가지다. 나 역시 처음부터 지금처럼 큰 수익이 났던 건 아니다. 시간이 흐르면서 한 가지씩 깨달은 경험을 주식투자 행위로 연결하고 녹여내기까지 오랜 시간이 걸렸다.

내가 종종 겪어야 했던 실패와 그로 인한 좌절감은 '기필코 주식으로 돈을 벌겠다'는 희망을 거침없이 잠식할 때도 있었다. 그러나 결국 나는 수많은 실패를 반면교사로 삼아 나만의 투자원칙을 만들어냈다. 그렇지만 아직도 필자는 종종 단기매매에서 너무 비싼 종목을 매수하거나, 시장 상황에 안일하게 대처함으로써 큰 손실을 경험하기도 한다. 투자 경력이 30년이 넘었지만 가끔씩 저지르는 실수들이다. 이 두 가지 경우를 제외하면 큰 손해를 보는 일이 거의 없는데, 욕심이 앞서 스스로 자제가 안 되는 경우가 가끔씩 있다.

주식투자를 처음부터 잘하는 사람은 없다. 일반적으로 주식투자를 한 지 3년 정도 되었다면 투자자 스스로 자신의 어떤 이유로 인해 수익이 안 나는지를 대부분 잘 안다. 실수라고 치부할 수도 있고 나쁜 습관이라고 이름 붙일 수도 있다. 고정관념과 편향된 사고를 버리고 이성적·합리적인 투자체질로 바꾸어야 한다.

실수라면 줄여야 하고 나쁜 습관이라면 고쳐야 한다. 다시 말하지만 처음부터 주식투자를 잘 하는 사람은 없다. 마이너스 손실을 유발하는 나쁜 습관을 하나씩 제거하면서 고쳐나가면 누구나 주식투자로 수익을 낼 수 있다. 절박하고 간절함이 있다면 손실로 연결되는 작은 습관 하나 바꾸지 못할까 싶다. 나쁜 습관을 절대로 못 바꿀 것 같으면 주식투자에서 과감히 물러나야 한다. 투자자 본인의 어떤 문제 때문에 수익이 안 나는지 잘 알면서도 고칠 의지가 없다면, 주식투자로 절대 성공할 수 없다. 주식이 아닌 다른 길을 찾는 것이 좋다고 생각한다.

처음에는 누구나 실수하고 실패할 수 있다. 주식투자도 그렇고 세상살이도 그렇다. 하지만 똑같은 상황이 다시 반복될 때 또다시 과거의 실수를 되풀이해서는 안 된다. 특히 주식투자 세계에서는 비슷한 상황이 반복적으로 일어난다. 전 세계적인 경제 변수나 사건, 이슈에 따라 주가가 폭락하거나 폭등하기 일쑤고, 시대를 대변하는 트렌드 관련주가 시장을 이끌어가는 상황도 기업만 달라질 뿐 늘 있는 일이다. 비슷하고 똑같은 상황이 반복될 때 기존의 투자습관으로 실패를 경험했다면 이 카드를 다시 꺼내든다는 건 어리석은 일이다. 내가 가장 안 되는 부분, 몇 번 해봤는데도 실패한 습관을 과감히 지워나가야 한다.

05

투자자를 흔드는 악마의 속삭임

살다 보면 달콤한 유혹에 빠져 패가망신하는 사람들을 간혹 만나볼 수 있다. 특히 주식투자는 매순간 자기 스스로 판단, 결정하고 투자의 모든 결과와 책임을 본인이 져야 하는 일인데, 매순간 판단하는 주식투자 결정이 모두 옳은 건 아닐 것이다. 주식투자에서는 수시로 '달콤한 유혹', '악마의 속삭임'이 투자자의 곁에서 맴돌며 함정을 파고 기다린다. 악마의 꼬임에 빠지면 그 상황에서 자신이 내린 결정이 분명히 옳고, 큰 수익이 날 거라는 허황된 믿음, 편향된 시각에서 못 벗어난다.

물론 나 역시도 가끔씩 내 귓가에 대고 달콤하게 속삭이는 악마의 유혹에 흔들릴 때가 있다. 아무리 투자원칙을 만들어 지키고자 애를 써도 순간순간 찾아와서는 나를 유혹하는 그 속삭임에 속아 손해를 보는 경우가 종종 있다. 주식투자를 하다 보면 이런 악마의 속삭임에서 자유로울 수 없다. 셀 수 없이 많은 의사결정 앞에 악마가 어김없이 등장하여 투자자의 마음을 흔들고 유혹하기 때문이다. 물론 실제로 '악마의 속삭임'이 있다는 말은 아니고 큰 손실로 연결되는 순간의 판단에서 '잘못된 판단'을 비유해 표현한 것으로 이해하여 주시기를 바란다.

장 분위기가 이렇게 좋은데, 당연히 추격매수를 해야지 뭐해?
하루만 더 기다려봐, 오늘보다 5% 이상의 수익이 날 테니까!

내 안의 또 다른 나, 그 악마의 속삭임에서 자유로울 수 있는 투자자는 별로 없겠지만, 이럴 때일수록 우리는 평소 자신이 만들어둔 투자원칙을 떠올려야 한다. 힘들더라도 자신의 원칙을 지키고자 노력해야 한다. 성공적인 투자, 성공적인 인생, 비록 성공까지는 아니더라도 평탄한 삶을 살려면 악마의 속삭임에서 벗어나고자 노력하고 경계해야 한다. 인간은 쉽게 흔들리는 나약한 존재이다. 그렇게 때문에 단기투자가 어렵다. 매매중독에 빠지면 안 되고, 기술적으로 아는 것보다 기술 이외의 감정 다스리기가 우선시 되어야 하기 때문이다. 주식투자와 별로 상관없어 보일 것 같은 감정 다스리기가 주식투자의 성패 여부에 큰 비중을 차지한다.

📊 AI(인공지능)투자와 로보어드바이저

유혹에 흔들린 감정적인 투자, 뇌동매매(雷同賣買, 시장 전체의 인기 또는 다른 투자자의 움직임을 따라서 매매하는 행위) 습관이 있다면, 혹시 AI(인공지능)투자나 로보어드바이저를 이용하면 도움이 될 수 있을 까? 이에 대한 필자의 생각을 몇 자 적어보겠다. 시대적 트렌드를 반영한 금융업계의 광고에 '로보어드바이저 펀드', 'AI(인공지능)를 이용한 투자'라는 문구를 쉽게 접할 수 있다. 투자에 어려움을 겪 는 일반 개인투자자 입장에서는 이런 광고에 눈길이 갈 수밖에 없 다. 해당 업체의 설명에 따르면, 로보어드바이저 투자는 '사람의 주관적인 생각이나 감정을 배제한 합리적 투자 결정'과 '과거의 시 장 데이터를 기반으로 하는 효율적 자산관리'에 도움을 줄 수 있다 고 말한다. 여러 대형 증권사들도 AI를 활용한 개인 고객별 자산관 리와 향후 주가 상승 확률이 가장 높을 것으로 예상되는 종목 추 천 서비스를 제공한다고 앞을 다투어 홍보한다. 그러나 AI나 로보 어드바이저를 활용한 투자가 사람이 직접 행하는 투자보다 뛰어난 실적을 보여주었다는 결과는 찾아보기 힘들다.

이와 연관이 있는 사례를 하나 소개한다. 몇 년 전, 유력 경제신문 사가 후원하고 증권사, 자산운용사, 로보어드바이저 업체 등이 참 가한 6개월 간의 실전 투자대회가 열렸다. 그 결과 대회에 참가한 모든 업체의 수익률이 미미했다. 물론 당시 시장 상황이 여의치 않 았다는 점을 고려하더라도 이 행사에 큰 관심을 갖고 있던 나로서 는 실망과 충격을 동시에 받았다. 결국 AI와 로보어드바이저를 활용한 주식투자에서 의미 있는 수익률이 나오려면 좀 더 시간이 걸려야 할 것으로 생각한다.

필자 또한 하루에도 몇 번씩 찾아오는 달갑지 않은 '악마의 속삭임'에서 흔들리지 않고자 애를 쓴다. 그리고 처음 전업투자를 시작한 날부터 혹시라도 잘못된 투자습관이 있는지를 살피며 모니터링을 해왔다. 리스트로 만들어보니 전업투자자가 꼭 지켜야 할 내용들 위주였다. 이 습관은 지금도 실천 중인데, 컴퓨터 모니터 아래에 몇 가지 조심해야 할 내용을 메모해 두고 혹시라도 나타날 수 있는 실수를 다스리는 데 참고한다.

〈시장의 변동성이 클 경우 조심해야 할 내용들〉

① 장중 20% 이상 상승한 종목 신규 매수 금지
② 금요일 장중 신규 매수 금지, 사야 할 경우 가급적 종가 확인 후 매수
③ 시장조치 사항(투자주의나 경고가 붙는 종목) 추격매수 금지 * 5일 전 기준 대비 현재 45% 이상 상승한 경우 투자주의가 붙는데, 이는 계산을 통해 알 수 있다.
④ 목요일 상한가를 따라가는 매수 금지

이는 30년 이상 주식투자를 해온 내가 투자체질 개선을 이루기 위해 노력하는 일 중 하나다. 독자 여러분도 나름의 투자원칙을 만들어 주식투자에 활용할 것일 테지만, 지금까지 책에서 소개한 내용을 여러분의 투자원칙에 편입하는 것도 주식투자 시 도움이 될 것이라고 생각한다.

06

시장이 아닌, 자기 자신과의 싸움

주식시장에서는 흔들리지 않고 이성적으로 대처하면 실패할 일이 크게 줄어든다. 우리가 시장을 이기기는 쉽지 않지만, 그렇다고 수익을 낼 수 없는 건 아니다. 시장이 어려우면 주식투자 시 조심하고 경계하며 원칙 지키지를 견지해야 한다. 결국 이 말은 시장의 상황에 역행하지 말고 순응하는 자세가 중요하다는 이야기다. 주식투자를 하다 보면 투자자를 괴롭히는 시장 상황이 종종 찾아온다. 이럴 때에는 무리하게 매매하려고 하지 말고 '그동안 열심히 했으니까 좀 쉬어가라는 뜻이구나'라고 생각하며 쉬는 것도 괜찮은 전략이다. 쉬는 일도 투자의 일부분으로 생각하면 마음이 편해진다.

어떤 분들은 꼭 자신이 사전에 세워둔 기준에 주가지수나 가격이 정확히 닿아야만 매매하기도 한다. 그러나 이 역시 생각을 바꿔야 한다. 자신이 설정한 지수나 가격이 조금 모자란 근사치에 이르면 재빠르게 수익을 실현하고 다시 기회를 노리는 것이 좋다. 예컨대 보유 주식의 목표 가격을 1만 원에 맞추었다고 해서 꼭 1만 원이 될 때까지 기다릴 필요가 없다. 아쉽더라도 9,500원선에서 수익 실현을 하고, 좀 쉬면서 더 좋은 기회를 엿보고 갈아타면서 나머지 수익을 채우면 된다. 그런데 이게 참 쉽지 않다. 반드시 그 가격에 팔겠다는, 또는 사겠다는 생각에 사로잡혀 있기 때문이다.

아마도 주식투자 시 매매할 때 이와 같은 생각에 사로잡혀 큰 손실을 본 분들이 적지 않을 것이다. 이런 생각 자체가 사고의 유연성이 부족해서 발생하는 일이다. 주식은 결국 자신과의 싸움일 뿐, 시장과의 싸움이 아니다. 내가 아무리 마법 같은 주문을 외우며 지수와 가격이 오르기를 기다려도 시장은 묵묵히 자신의 일만 할 따름이다. 시장은 투자자가 바라는 주가 상승의 간절한 기대를 들어주지 않을 때가 더 많다.

한편으로 생각하면 결국 주식투자라는 행위가 매매기법이나 기술보다도 심리적, 인문학적 요소가 더 큰 비중을 차지한다고 생각한다. 주식 관련 각종 기법이나 기술은 누구나 적용할 수 있어 생각보다 단순하고 쉽다. 하지만 투자결정을 내리는 데 더 큰 영향을 미치는 심리적, 인문학적 요소는 저마다 달리 적용된다. 또 그 결과 역시 사람마다 다르기 때문에 계량화할 수 없고 복잡 오묘하다. 주식투자 경험이 어느 정도 있는 분들이라면 투자 시에 요구되는 기술적인 부분을 투자에 적용할 만큼 실력을 갖추었다고 생각한다. 그렇다면 다음 문제는 자신의 감정을 얼마나 다스리느냐 하는 것이다.

나는 주식투자 행위가 시장이 아닌 자기 자신과의 싸움이기 때문에 인문학적 요소가 큰 비중을 차지한다고 매번 느낀다. 주식투자를 하면 할수록 이런 생각이 더욱 짙어진다.

주식투자는 양날의 칼이다! 욕심을 너무 안 부릴 수도 없고, 너무 부리면 위험에 빠지기 쉽다. 주식투자 세계에서도 평상심을 잘 지켜야 살아남을 수 있다.

주식투자 세계에 전해오는 오래된 격언이 있다. '시장을 이기는 투자자는 없다!'는 말이다. 이기려고 하면 할수록 필패(必敗)하는 게임이라는데, 나는 그렇게 생각하지 않는다. 투자자 스스로 현명한 투자 포지션을 갖추는 일, 즉 주식투자에 대한 잘못된 고정관념과 매매습관을 바꾸고 시장 흐름을 지켜보면서 이성적으로 대처하면 어떤 상황에서도 수익을 낼 수 있다고 믿는다. 그래서 나는 스스로를 '시장을 이길 수 있는 전업투자자'라고 생각하며, '시장을 이기는 주식투자 필살기!'라는 강연 제목으로 많은 사람들에게 나의 투자 경험을 공유했다. 이 말을 뒷받침하는 증거가 전업투자 초기의 투자원금 대비 현재까지 엄청난 수익을 거둔 결과에서 찾아볼 수 있다.

07

리스크 개론

계란을 한 층씩 쌓아올린 형세라는 의미를 가진 말이 누란지세(累卵
之勢)다. 계란이 언제 쓰러질지 모를 만큼 위태롭다는 뜻인데, 이를
간략히 표현하면 '위험'이다. 영어에서는 위험이라는 말로 'Risk'와
'Danger' 두 가지 표현을 쓴다. 두 말은 얼핏 비슷한 것 같지만, 단어
의 속뜻을 들여다보면 근본적인 차이가 있다.

비슷한 부분은 두 단어 모두 '불확실한 위험'이라는 뜻을 가졌다
는 점이다. 그리고 둘의 차이점은 리스크(Risk)의 경우 사전에 통제가
가능한 반면, 위험(Danger)이란 말 속에는 통제가 불가능하다는 뜻이
조금 더 크다는 의미다. 그런데 주식투자에서는 'Danger'라는 말보
다 'Risk'라는 표현을 더 자주 쓴다. 이는 모든 주식투자자가 겪는 위
험천만한 일들일지라도 사전에 통제할 수 있는 영역에 있다는 의미
로 해석할 수도 있을 듯하다. 그러니까 관리가 가능한 영역의 일에
리스크라는 단어가 붙는다고 볼 수 있다. 우리들의 귀에 익숙한 사례
로 전사적 리스크관리(ERM : Enterprise Risk Management), 신용 리스크

관리(CRM : Credit Risk Management) 등을 떠올려볼 수 있다.

금융에서 말하는 리스크란 관리가 가능한 영역이면서 수익의 원천이 되는 것을 의미한다. 가령, 거의 무위험에 가까운 단기 국채에서 사람들이 기대하는 수익률은 고정되어 있는 반면에 주식의 경우 사람들의 기대수익률이 높은 이유는 주식투자가 더 큰 리스크를 안고 있기 때문이다.

우리가 주식의 특성을 두고 흔히 '하이 리스크-하이 리턴'이라고 부르는 것을 떠올리면 한결 이해가 쉬울 것 같다. 많은 투자자가 높은 리스크를 감수하면서까지 주식투자에 나서는 이유는 높은 기대수익률 때문이다. 그러나 현실적으로 대부분의 주식투자자가 높은 기대수익률만 생각할 뿐, 정작 중요한 리스크 관리에 대한 이해가 부족한 실정이다.

주식투자의 처음이 향후 오를 것으로 예상하는 종목을 매수하는 일일 수 있지만, 리스크는 주식투자의 처음과 끝 모든 영역에서 효과적인 판단과 관리가 필요한 일이다. 우리가 주식투자를 할 때 어느 정도 리스크를 떠안고 있는가 하는 문제는 투자 판단에서 매우 중요한 사항이다. 따라서 이하에서는 주식투자 시에 참고할 수 있는 리스크에 대하여 몇 가지 살펴보도록 하겠다. 크게 체계적 리스크와 비체계적 리스크로 나누어 하나씩 정리한다.

08

체계적 리스크

주식투자에서의 리스크는 크게 체계적인 것과 비체계적인 것으로 나뉘는데, 우선 체계적 리스크(Systematic Risk)부터 살펴보겠다. 체계적 리스크란 시장 전체를 위협하는 위험을 의미한다. 즉, 우리 경제 전반에 영향력을 주는 위험을 일컬으며, 주식시장이라는 시스템 근간에 영향을 미치는 정치, 경제, 사회적 이슈가 주로 체계적 리스크를 만들어낸다. 이처럼 체계적 리스크는 시장 전체를 지배하는 영향력이 크다. 체계적 리스크를 피해갈 수 있는 기업은 거의 없다고 봐도 무방하다.

누구도 회피할 수 없는, 불가항력의 형국인 만큼 개인투자자가 아무리 분산투자를 하더라도 여간해서는 위험을 피할 수 없다는 특징을 갖고 있다. 대표적인 사례가 2020년 1분기에 발발한 코로나19 사태다. 잘 알려진 것처럼 2019년 말 중국에서 처음 발생하여 2020년 2~3월 사이 중국을 넘어 전 세계를 팬데믹 사태로 몰아넣은 코로나19는 2021년 초까지도 우리를 괴롭히고 있다. 그 결과 우리에게 그간 익숙했던 삶의 여러 곳에서 변화가 나타날 수밖에 없었다. 이 사건 탓에 사람들은 큰 혼란을 겪었다. 사실상 전 세계의 경제가 모두 중단되는 상황으로까지 충격을 안겨주어 많은 인명 피해와 경제적 손실을 입었다. 세계 경제 추이가 저성장 기조로 유지되던 상황에서 코로나19 사태는 엎친 데 덮친 격이 되었다.

그렇잖아도 한 자릿수 초반대로 예상한 주요 국가들의 경제성장률은 마이너스를 기록했다. 이런 상황이라면 분산투자가 무의미해진다. 따라서 체계적 리스크는 '분산 불가능 위험'이라고도 볼 수 있다. 코로나19 사태의 초기 확산은 시장에 큰 충격을 제공했다. 우리나라 주가지수를 비롯하여 전 세계 모든 나라의 주가지수가 일제히 폭락하는 경험을 했다. 그러면 여기서 잠시 코로나19 사태로 인한 미국과 우리나라의 지수 변화 추이를 살펴보도록 하자.

먼저 미국 상황이다. 미국 다우지수는 28,992.41포인트에서 단기간에 37% 폭락한 18,213.65포인트까지 아래로 밀려났다. 나스닥 역시 9,576.59포인트에서 6,631.42포인트를 기록해 30% 가까이 폭락했다(48~49쪽 참고). 지수 하락은 우리나라도 예외가 아니었다. 위와 같은 기간 코스피 지수는 2,200포인트 선에서 1,439.43포인트로, 코스닥지수는 650포인트 선에서 419.55포인트까지 주저앉았다.

체계적 리스크의 특징은 우리가 예상하지 못한 형태로, 또 주기적으로 찾아온다는 점이다.

특히 경제적인 사건들이 그렇다. 2020년 코로나19의 경우 질병이라는 이름으로 찾아온 예측 불가능한 사건 중 하나였다. 잠시 과거로 눈을 돌려보면 체계적 위험이라고 평가할 수 있는 경제 충격의 사례가 여럿 있었다. 필자가 강연회 등에서 체계적 리스크를 설명할 때 종종 예로 드는 사건들을 소개하면 아래와 같다.

먼저 10여 년 전인 2008년 미국 서브프라임 모기지 사태다. 당시 이 사건은 미국에서 발발했으나 그 여파가 전 세계 경제에 미쳐 큰 충격을 주었다. 그래서 사람들은 '미국발 서프라임 여파'라는 수식어를 사용했다. 기억을 더듬어보자면, 당시 코스피 지수는 1901.13포인트에서 892.16포인트까지 하염없이 빠져 많은 투자자들이 반토막 주가를 경험하며 망연자실했다. 이후 6개월 후인 2009년 3월이 되어서야 지수가 어느 정도 회복세를 보였고, 이후 대세 상승을 시작해 금융위기 이전의 최고치를 넘어 2231.47포인트를 기록했다. 둘째, 2016년 6월에 발발한 영국 브렉시트 사건도 체계적 리스크에 포함한다. 그땐 누구도 영국이 유럽연합(EU)에서 탈퇴할 거라고 예상하지 못했다. 그러나 일반인들의 예상과 달리 영국의 EU 탈퇴가 결정되었고 이 뜻밖의 결과에 글로벌 시장이 충격을 떠안았다.

특히 우리나라 시장은 코스닥의 단기 충격이 컸던 것으로 기억한다. 브렉시트 당일 코스피 지수는 장중 고가 2,001.55포인트에서 1925.2포인트까지 내려앉았고, 코스닥지수는 688.12포인트에서 저가 기준 631.18포인트로 장중 무려 8%나 하락했다. 다행히 브렉시트 충격은 오래 가지 않은 채 곧바로 회복세를 보여 단기 충격에서 벗어났다.

마지막 사례는 말도 많고 탈도 많았던 미국 45대 대통령 도널드 트럼프 당선 사건(?)이다. 2016년 11월 8일, 트럼프의 당선은 힐러리 클린턴의 우세를 점친 대부분의 전망과 다른 의외의 결과였다. 이때 역시 우리나라 지수는 큰 영향을 받았다. 코스피 지수의 경우 약 84포인트(4% 하락), 코스닥지수는 약 49포인트(7% 이상 등락률) 등락률을 보여주었다. 하나 더 덧붙이자면, 세계 유일의 분단국가인 우리나라에만 적용되는 리스크가 있다. 바로 대북 리스크인데, 이 또한 체계적 리스크 범주에 포함한다.

위에서 소개한 사례에서 보듯 체계적 리스크는 누구도 예측하지 못하는 상황이다. 모든 투자자가 안고 가야 하는 위험이다. 그러나 이러한 체계적 리스크가 새로운 기회가 되기도 한다. 단기적인 충격으로 시장이 하락할 경우, 세계 경제에 펀더멘털이 크게 훼손되지 않았다면 충분히 매수 기회가 되어 큰 수익으로 이어질 가능성이 높다.

필자의 경우 2020년 1분기 코로나19 사태로 주가가 바닥을 쳤을 때 기회라고 여겨 매수했다. 그리고 결과는 과거의 어느 해보다도 높은 수익을 거두었다. 당시 주변 사람들에게, 그리고 온라인 강연회나 방송 등에 출연하여 '지금이 큰 수익을 거둘 수 있는 절호의 기회'라고 여러 차례 강조했던 기억이 떠오른다.

그간의 투자 경험 및 투자 결과로 볼 때 '지금이 기회'라는 생각이 필자를 지배했다.

그래서 매수 시기라고 자신 있게 말할 수 있었다. 한편으로 보면, 주식시장은 살아 있는 생물과 같다. 누구나 힘든 시기, 위험이 찾아와도 수익이 날 수 있는 기회가 함께 존재하니까 말이다. 가장 최근의 대표적인 사례가 있다. 세계의 주가와 국내 주가 모두 코로나19 리스크 상황에 직면했음에도 2020년 말 미국의 화이자(Pfizer)와 모더나(Moderna)에서 개발한 코로나 백신이 긴급사용 허가를 받으면서 역사상 최고치의 주가를 경신했다.

09

비체계적 리스크

비체계적 리스크(Unsystematic Risk)는 시장 전체에 영향을 주는 충격이나 사건이 가져다주는 리스크가 아니다. 어느 한 개별 기업이 가진 리스크를 의미한다. 우리가 간혹 뉴스 등에서 접하는, 귀에 익숙한 어느 기업의 부정적인 소식들이 비체계적 리스크에 포함된다.

대표적인 예로 어떤 기업 오너의 비도덕적인 행위로 인한 리스크, 전도유망할 것으로 믿었던 바이오 기업의 임상 실패 소식, 기업의 분식회계나 횡령으로 인한 주가 급락의 이슈 등이 비체계적 리스크다.

비체계적 리스크의 경우 체계적 리스크와 달리 분산투자로 일정 부분 리스크를 낮출 수도 있다. 최근의 몇 가지 사례를 자세히 살펴보자. 먼저 주요 일간지에 게재된 신문기사를 소개한다.

📊 한국거래소, 코오롱티슈진 상장폐지 의결,
6만 여 개인투자자 날벼락

'인보사케이주(인보사)' 사태로 논란이 있던 코오롱티슈진의 상장 폐지가 의결됐다. 2020년 6월 말 기준 코오롱티슈진 주식을 보유한 개인투자자는 총 6만 4555명으로, 이들은 총 2,107만 3,331주 가량(총 발행 주식의 34.48%)을 들고 있었다. 코오롱티슈진은 현재 거래가 정지된 상태인데, 정지 전 주가(8,010원) 기준으로 시가총액은 4,896억 원에 달한다. 개인투자자가 보유한 코오롱티슈진 시총만 1,688억원 수준이다. 한국거래소는 4일 코스닥시장위원회 회의 결과 코오롱티슈진의 상장폐지를 심의 · 의결했다고 공시했다. 코오롱티슈진은 상장폐지 통지를 받은 날로부터 7일(영업일 기준) 이내에 이의신청을 할 수 있다.

중략 –

골관절염 치료제 인보사의 성분이 원래 알려진 연골세포가 아닌 신장세포로 밝혀지면서 시장에서 큰 논란이 됐다. 이에 따라 거래소는 코오롱티슈진이 상장심사 당시 중요 사항을 허위 기재하거나 누락했다고 판단해 이 회사를 상장적격성 실질심사 대상으로 결정했다. 인보사 파문과 별개로 코오롱티슈진은 2020년 3월 16

일, 2019 사업연도 외부감사인 의견거절과 지난 2020년 8월 28일 2020 사업연도 반기 외부감사인 의견거절 등으로도 상장폐지 사유가 발생했다. 이에 거래소는 지난 4월 14일과 지난 9월 21일 기업심사위원회에서 내년 5월 10일까지 개선기간을 부여했다.

하략 -

<조선비즈> 2020년 11월 4일 기사[10]

기사의 안타까운 주인공 코오롱티슈진과 비슷한 상황에 놓인 기업이 하나 더 있다. 다름 아닌 신라젠이다. 이 회사의 이름은 주식투자를 하는 분이 아니더라도 많은 분들이 한 번쯤 들어봤을 것이라고 생각한다. 그만큼 경제 관련 뉴스에 수없이 노출되었다. 신라젠의 경우 2017년 간염치료제로 개발한 '펙사벡' 임상 소식 덕분에 2017년 11월의 주가가 15만 원까지 올라 시가총액 7조 원을 넘었다. 그러나 약 2년 후인 2019년 8월 임상 중단 소식이 알려지면서 급락을 겪어야 했다.

세간의 주목을 받아온 개별 기업의 임상 중단이라는 리스크를 신라젠의 사례가 잘 보여준다. 이후 신라젠은 2020년 5월 경영진의 횡령과 배임 혐의로 거래소의 상장적격성 실질심사 대상이 되어 거래

10   https://biz.chosun.com/site/data/html_dir/2020/11/04/2020110402540.html

가 정지됐다. 주식시장에는 이런 사례가 반복적으로 나타난다.

하나만 더 소개하자면, 헬릭스미스가 있다. 헬릭스미스는 2019년 7~8월에 각각 코리아에셋증권, 옵티머스자산운용이 운용하는 팝펀딩 관련 사모펀드 세 곳에 390억 원을 투자했다. 이 사모펀드는 모두 최초 만기일이 지났지만 약 315억 원을 상환받지 못한 것으로 전해졌다. 경영진이 회사 자금을 연구개발에 투자하지 않고 고위험 자산에 투기한 것으로 밝혀졌다. 이 뉴스가 알려진 당일 헬릭스미스는 하한가를 기록했다.

몇 가지 사례에서 보았듯이 가끔씩은 마른하늘에 날벼락 같은 일이 발생하여 주식투자자를 괴롭게 만들기도 한다. 이처럼 비체계적 리스크는 특정 기업에만 영향을 주는 것이 일반적인 모습이다.

비체계적 리스크는 바이오 기업이 진행하던 임상 중단이나 실패, 개별 기업의 오너 리스크, 소송 발생, 노사분규 등으로 인해 발생한다.

체계적 리스크와 달리 비체계적 리스크의 경우, 리스크를 상쇄할 수 있다. 우리가 포트폴리오를 구성할 때 분산투자를 하는 이유도 비체계적 리스크를 상쇄하여 없애기 위함이다. 분산투자를 할 경우 기업에 영향을 미치는 개별 사건들 중 어떤 기업에 유리한 요인이 반대로 다른 기업에는 불리한 요인이 되기도 한다. 이 같은 상호작용으로 리스크가 상쇄되는 것이다.

° 10 °

낙관론이 넘칠 땐 꼭지,
두려움이 엄습할 땐 바닥

주식시장에서 우리가 가끔씩 마주하는 상황이 하나 있다. 시장이 낙관적일 때에는 다들 대세 상승에 편승하려는 생각에 사로잡혀 가격이 하늘 높은 줄 모르고 꼭지를 향한다. 그러나 거꾸로 시장이 비관적으로 흘러가면서 사람들에게 두려움과 공포심을 갖게 하는 폭락장에서는 가격이 땅에 닿을 듯 바닥까지 내려간다. 오죽하면 주식투자자들 사이에 다음과 같은 이야기가 입에 오르내릴 정도이다.

"미국 월가의 구두닦이가 주식 이야기를 하면 꼭지, 상투다!"

주식시장은 오버슈팅하는 모습을 보이는 때도 있고, 과하게 폭락하는 경우도 있다. 특히 지수 자체가 급등을 하는 시기에 수익을 낸 주식투자자는 흥분하게 마련이다. 상승장에서는 여러 증권사에서 제공하는 리포트도 긍정적인 전망 일색이다. 그러나 산이 높으면 골도 깊을 수밖에 없다. 우리는 외부적인 충격이 전달되어 폭락에 폭락을 거듭하는 주식시장도 간혹 목격한다.

예를 들면 2008년 금융위기도 그런 모습이었고, 2020년 2~3월 코로나19 사태에서도 시장이 무너지는 모습이 어김없이 나타났다. 이런 상황에서는 유언비어도 난무한다. '바닥 아래 지하실이 있다'라는 이야기가 투자자들 사이에서 돌고, 공포가 공포를 불러오면 담보부족으로 반대매매 물량 등 급락세를 거듭하는 일도 가끔 있다. 그러나 주식을 보유하지 않은 주식투자자 입장에서는 절호의 매수 기회일 수 있다. 즉 공포가 시장을 누르고 있을 때, 바로 그 시기가 절호의 매수 타이밍이다. 주가가 크게 오르는 일이나 계속 하락하는 일 모두 정상적인 모습은 아니다.

이런 사례는 우리가 과거 여러 차례의 경제·금융 위기를 겪으면서 충분히 반복적으로 경험했다. 그런데 이런 일이 또다시 발생하더라도, 시장의 참여자들은 또다시 이성을 잃고 매수 또는 매도 대열에 기꺼이 합류할 것이다. 그래서 역사는 반복되는 것이라고 말하는 것일 수도 있다.

나는 주식투자가 사람들의 심리와도 밀접한 연관이 있다고 생각한다. 앞서 언급했듯이 나는 주식투자에 인문학적 요소가 매우 큰 영향을 차지한다고 믿는 편이다. 결국 주식에서도 자신의 심리를 파악하고 이를 잘 다스리는 사람이 성공할 확률이 높다. 만약 투자자의 성향이 너무 한쪽으로 쏠림이 심하다면 주식투자로 성공하기 어려울 수 있다. 장이 좋으면 계속 오를 거라는 장밋빛 환상에 쉽게 젖어

들고, 반대로 장이 불안한 모습을 보이면 세상이 당장이라도 망할 것처럼 비관하는 모습은 주식투자자라면 한 번쯤 냉정하게 점검해볼 문제다. 그래서 나는 '중용', '균형', '냉정함' 등의 단어를 책상 위에 붙여놓고 자신이 한쪽으로 쏠린다 싶을 때 자신을 되돌아보는 일이 주식투자에 도움이 된다고 말하고 싶다. 필자의 경험상 한쪽으로의 쏠림이 심한 주식투자자는 이 시장에서 오래 버텨낼 수 없다.

주식투자자라는 이름으로 오랫동안 버티면서 꾸준한 수익을 거두고자 한다면, 낙관론이 넘칠 땐 이성적·객관적인 시야를, 두려움이 엄습할 땐 냉철함을 유지할 줄 알아야 한다.

주식투자자인 우리가 인간 내면에 숨어 있는 심리, 또는 군중심리에 휩쓸리지 않아야 하기 때문에 주식투자가 어렵다고 말하는지도 모를 일이다.

11

주식투자 시 감수해야 할 리스크

주식투자는 기본적으로 리스크를 안고 시작하는 게임이다. 일단 주식을 매매할 때 반드시 지불해야 하는 수수료라는 비용도 리스크의 한 부분이며 무시할 수 없다. 따라서 수수료를 리스크 중 하나로 인식해야 한다. 물론 예전과 비교하면 수수료가 조금 낮아지기는 했다. 그렇더라도 주식을 사거나 팔 때에 발생하는 비용은 만만치 않은데, 하루에도 수차례 매매를 반복하는 초단기 주식투자라면 당일 거둔 수익보다 더 큰 비용이 흔적 없이 사라지는 경험을 해보았을 테다.

물론 큰 금액을 거래할 때에도 적잖은 비용 리스크가 발생한다. 가령, 1억 원어치를 매매한다면 약 50만 원의 돈이 비용(거래수수료와 세금 포함)으로 빠져나간다. 그런데 주식투자에서는 수수료라는 비용 이외에도 몇 가지 리스크가 더 있다. 세계적인 투자 컨설턴트 찰스 엘리스(Charles Ellis)는 주식에 직접 투자하는 사람들이 마주해야 할 4가지 리스크를 자신의 책에서 언급한 바 있다.[11]

① 가격 리스크 : 너무 비싼 가격으로 주식을 사면 손해다.

② 금리 리스크 : 금리가 예상보다 높게 형성되어 시장에 반영될 경우, 주가가 하락한다.

③ 사업 리스크 : 기업의 운영 실수 또는 이익 저하로 인해 주가가 하락한다.

④ 도산 리스크 : 가장 무서운 리스크로서, 내가 투자한 기업이 망하면 큰돈을 날린다.

찰스 엘리스가 네 번째 도산 리스크의 사례로 소개한 엔론(Enron), 폴라로이드(Polaroid), 월드컴(WorldCom) 등 한때 쟁쟁하던 기업들의 비참한 말로는 전 세계 투자자를 충격으로 몰아넣기도 했다. 그런데 찰스 엘리스는 재미있는 이야기를 한 가지 더 덧붙인다. 다름 아닌 주식투자를 하면서 발생하는 여러 가지 리스크 중에서도 투자자들이

11   혁신적인 투자이론인 '패자 게임(Loser's Game)' 개념을 세상에 처음 소개한 찰스 엘리스의 투자 고전 《Winning the Loser's Game》 102쪽 내용이며, 아래에 원문을 싣는다. 최근 이 책의 개정판 《패자의 게임에서 승자가 되는 법》(중앙 Books)이 재출간되었다.

Active investors typically think of risk in four different ways. One is price risk. You can lose money by buying stock at too high a price. If you think a stock's price might be high, you know you are taking price risk. The second type of risk is interest rate risk. If interest rates go up more than was previously expected and already discounted in the market, your stocks will go down. You are taking interest rate risk. The third type of risk is business risk. The company may blunder, and earnings may not materialize. If this occurs, the stock will drop. Here you are taking business risk. The fourth kind of risk is the most extreme: failure risk. The company may fail completely. That's what happened with Penn Central, Enron, WorldCom, and Polaroid. As the old pros will tell you, "Now that is risk!" _ *WINNING THE LOSER'S GAME* _ Charles Ellis _ 102p

가장 경계해야 할 것으로 현금 부족 상황을 소개한다.

'막상 주식에 투자할 돈이 필요할 때 현금이 없는 상황을 가장 경계해야 한다!'

주식투자자의 수중에 현금이 없다는 것은'사막을 달려야 하는 자동차의 연료가 떨어진 것과 마찬가지 상황'이라고 찰스 엘리스는 비유한다. 나는 그 말에 공감한다. 현금 보유의 중요성을 간략히 말하자면 '시장 상황이 그다지 좋지 않은 시기에는 현금을 보유하는 선택이 적절한 포트폴리오의 한 가지 방법'이 되기도 한다.

우리가 주식투자를 할 때 종종 마주하는 여러 가지 리스크를 어떻게 대처해야 좋을지 고민하지 않을 수 없다. 사실 주식투자자들이 알아야 할 리스크 대처법은 여러 가지다. 1장에서 소개한 ETF 투자가 하나의 방법일 수 있고, 시장의 상황에 따라서는 투자를 참고 현금을 보유하는 포지션이 리스크 대처법이 될 수도 있다. 자신의 계좌를 몇 개로 나누어 운용하는 일이나 분산해서 투자하는 방법도 잘 알려진 리스크 대처법이다. 무엇보다도 우리가 기본적으로 알아야 할 내용은 상황에 맞춘 포트폴리오 구성이다. 포트폴리오를 어떻게 구성하느냐에 따라 수익이든 손실이든 큰 차이가 나타난다. 다음 챕터에서 소개하는 포트폴리오 이야기를 참고하자.

12

포트폴리오 구성

포트폴리오(Portfolio)는 원래 위험을 회피하기 위한 투자 아이디어였다. 너무나 유명한 주식 명언 '달걀을 한 바구니에 담지 마라'는 이야기를 한 번쯤은 들어봤을 것이다. 분산투자의 의미로 생각하면 된다. 그런데 포트폴리오에서는 완벽한 최고의 답이 없다. 대신에 최적의 포트폴리오가 있을 뿐이다. 효율적이면서도 최적의 포트폴리오 설계란 주식투자자가 세팅할 수 있는 여러 포트폴리오 중에서도 수익이 가장 높게 나타나고, 리스크가 가장 낮은 결과를 보여줄 때일 것이다. 포트폴리오는 투자자의 여건, 투자 기간, 자금의 상황 등에 따라 세팅 전략이 달라진다.

먼저 일반 투자자의 포트폴리오라면 앞으로 오를 것으로 예상되는 주식을 모두 담는 전략을 취해야 한다. 즉, 기존의 전통적인 포트폴리오 목적인 분산투자와는 다른 시각으로 접근해야 한다. 되도록 수익을 극대화할 수 있는 전략으로 포트폴리오를 만들어야 한다. 예를 들어 반도체 주식이 오를 것으로 전망한다면 해당 시장의 중심주인 삼성전자, SK하이닉스를 비롯하여 그 외의 개별 반도체 주식을 담는 전략이다(181쪽 '중장기투자에서 큰 수익을 내는 포트폴리오' 참고). 이것이 일반 개인투자자 포트폴리오 전략의 핵심이다.

시장이 좋다는 가정 아래, 단기투자의 포트폴리오에서는 우리가 투자하는 돈의 집중에 신경 써야 한다. 이때 너무 다양하게 종목을 분산하기보다는 두세 가지 종목에 집중하는 것이 효과적이다. 이렇게 해야 단기투자 시 우리가 경계해야 할 시세의 변동성에 효과적으로 대처할 수 있다. 단기 이슈에 있어서도 포트폴리오가 중요한데, 뉴스나 이슈가 희석되지 않은 상태에서 일정 부분 조정을 받을 때, 두세 종목에 국한하여 매수하는 게 올바른 전략이다.

앞서 살펴본 단기투자와 마찬가지로 20일선까지 떨어져 있거나, 최소 10일선까지 떨어진 종목 중에서 재반등이 일어날 종목들 중심으로 단기투자 포트폴리오를 구축하면 도움이 된다. 그러나 시장이 안 좋을 때에는 굳이 포트폴리오를 구성할 필요가 없다. 이럴 경우에는 현금을 보유하는 전략이 어설픈 매매로 인한 손실을 막아주기도 한다. 따라서 현금 보유가 일종의 포트폴리오가 될 수도 있다.

📊 개인이 투자하는 종목 VS 기관, 외국인이 투자하는 종목

주로 개인투자자가 투자하는 종목과 기관, 외국인이 투자하는 종목에는 차이가 있다. 물론 주식종목에 개인이 투자하는 종목, 또는 기관이나 외국인이 투자하는 종목의 구분이 있는 것은 아니지만 기관, 외국인이 주로 매수하는 종목은 '코스피200', '코스닥150'에 포함된 이른바 우량주, 대형주들이다. 반면에 개인투자자들은 단기적인 호재성 뉴스나 이슈에 의해 변동성이 심한 개별주에 투자하는 경우가 많다. 개별주의 특징은 어떤 이슈에 민감하게 반응하여 단기적으로 급등하는 모습을 보여주다가도 매수 세력이 빠져나가면 어느 순간 급락한 후 제자리에 머무는 일이 너무 흔하다. 간혹, 단 한 차례의 급등이 그 개별주가 가진 모든 상승으로 끝나고 더 이상 오르지 못하는 일도 종종 있다.

개인투자자들은 바로 이런 주식에 투자함으로써 빼도 박도 못하는 상황에 처하기도 한다. 개별 '세력주' 투자를 선호하는 개인투자자들의 계좌에는 지나간 과거 어느 한때, 그 당시의 이슈에 한두 번 상승한 후 하락한 주식들로 채워져 있을 확률이 높다. 필자가 강의 또는 인터뷰를 통해 삼성전자와 같은 대형주를 크게 강조하는 이유는 후속 매수세가 지속적으로 이어지기 때문이다. 다시 말해 주가가 늘 오를 수는 없기에 대형주, 우량주라도 떨어지는 시기가 있는데, 그렇더라도 대형주나 우량주는 업황이나 실적이 좋아지면 언젠가는 다시 올라간다. 이런 상황을 잘 아는 기관, 외국인투자자들은 우량대형주 업종 대표주를 주로 매매한다. 우량한 대형주들처럼 후속 매수세가 있느냐 없느냐의 여부가 정말로 중요하다.

개별주들은 한두 번 정도의 이슈가 가격에 반영되고 더 이상 오르지 않는 일이 흔한데, 만약 이미 이슈나 뉴스가 반영되어 가치가 소진된 개별주라면 10일선, 20일선 이하로 떨어지더라도 후속 매수세가 유입되지 않는 한, 하락할 가능성이 더 높다. 여간해서는 재반등의 상황이 오지 않는다. 개별 세력주와 시대 중심주인 우량주 투자의 일정 기간이 경과한 후의 수익률 결과를 참고하면 중장기투자 시의 포트폴리오 구성에 도움이 될 것이다.

2020년 하반기 코스피지수의 상승 랠리가 이어지는 상황에서 내가 운용 중인 중장기 계좌들의 시대 중심주, 우량주의 수익률을 보더라도 개별주와의 수익률 차이가 적나라하게 나타남을 새삼 깨닫기도 한다.

13

돈에 대한 집중력 갖추기

투자금액이 얼마 되지 않을 때, 너무 장기투자 개념으로 접근하면 돈이 불어나는 속도가 상당히 더딜 수 있다. 작은 돈으로 투자를 하는 경우라면 일단 먼저 돈이 빨리 불어날 확률이 높은 방향으로 투자해야 한다. 일단 돈이 모아져야 한다. 필자가 투자자들로부터 가장 많이 듣는 질문 중 하나가 있다. 필자는 실전투자 대회에서 5차례 이상 수상한 경험이 있다고 밝혔다. 이를 두고 사람들은 내가 어떤 종목을 사들여 수익을 거두었는지를 궁금해 한다.

이런 질문을 받을 때마다 나는 1억 기준으로 2종목 이상을 매수해본 적이 거의 없었다고 들려준다. 그러니까 될 성싶은 종목을 한두 개 골라 집중적으로 투자하여 거기서 결과를 이끌어내는 전략인 셈이다. 이 전략은 장단점이 분명하다. 장점은 많은 종목에 투자하지 않음으로써 수익이 날 경우 극대화되거나 복리의 수혜를 누릴 수 있다. 그러나 단점은 리스크가 크다는 점이다. 한두 종목만 매수하기 때문에 자칫 큰 손해를 볼 수도 있다.

알고 지내는 한 지인은 소득이 많지 않음에도 불구하고 적금, 예금, 보험 상품 등에 들어가는 돈이 꽤 많은 비중을 차지한다. 결과적으로 돈이 한 곳에 집중되지 않고 분산되어 있는 것인데, 나름 안정적인 재테크 수단으로 생각할 수도 있지만 그런 분들을 볼 때마다 어느 세월에 큰돈을 만들 수 있을지 걱정이 앞선다. 얼마 되지 않는 돈이라면 일단 한 곳에 집중해서 돈의 크기를 빠르게 불리는 전략이 현명한 재테크라고 생각한다.

주식투자도 마찬가지다. 이 종목, 저 종목 살펴보고 백화점에서 물건을 주워 담듯 여러 가지를 사면 한쪽에서 수익이 나도 다른 쪽에서 손실이 발생하고, 또 반대의 경우도 생긴다. 결국 잘 해야 본전이고 대부분 마이너스 수익만 손에 쥘 뿐이다.

이런 상황이라면 돈이 모이기는커녕 시나브로 잃고만 만다. 가령, 1억 원의 투자금액을 두세 종목에 집중하여 5% 수익이 났다면 500만 원이다. 그런데 1,000만 원씩 10개 종목을 매수한 경우라면, 내가 선택한 10개 종목 모두가 5%씩 수익이 날 수가 없다. 오를 만한 종목 10개를 고를 수도 없을뿐더러 10개 종목 중 절반 이상에서 마이너스가 날 것이다. 그럼에도 불구하고 대부분의 일반 투자자는 돈에 집중하지 않는다. 앞서 언급한 될 성싶은 시장 중심주 두세 개를 고르는 일은 생각보다 그렇게 어렵지 않다.

종목 선정이 꽤 중요한 일이 되겠지만, 돈을 언제 어떻게 집중할지의 의사결정도 무척 중요하다. 종목을 줄여서 될 만한 종목에 투자했다면 수익이 좀 덜 나더라도 한눈에 들어오니까 관리가 쉽다. 아마도 여러 곳에 투자한 결과보다 더 좋은 수익률을 보여줄 것이다. 그래야 빠르게 돈이 모일 수 있다. 이는 필자의 경험이다.

처음 주식투자로 나섰을 때의 투자금액 1,000만 원으로 현재 몇천배의 수익을 낸 나의 경우, 한편으로는 운도 좋았지만 다른 한편으로는 전략을 잘 세웠기 때문이라고 생각한다. 물론 지금은 20여 년 전과는 상황이 크게 달라졌다. 만약 지금 제로베이스에서 시작하더라도 몇 억 원의 투자금만 있다면 투자원금만큼의 연수익을 고스란히 만들어낼 자신이 있다. 물론 필자는 여기저기 분산하여 투자하는 대신에 몇 종목에 집중하여 빠르게 돈을 불리는 방법을 선택할 것이다. 돈도 모아져야 하고, 투자도 집중해야 한다. 작은 수익도 복리 개념이 붙으면 큰 수익이 된다.

° 14 °

전업투자자의 계좌관리

주식투자자라면 계획적인 계좌관리를 할 줄 알아야 한다. 특히 전업투자자라면 저마다 특화된 계좌관리 방법이 있을 것이다. 나 또한 크게 나누자면 두 가지 방법으로 계좌를 관리한다.

사이즈가 큰 계좌들은 수익에 수익이 더해지는 복리 개념의 투자에 집중한다. 이런 계좌들은 중장기투자용이다. 어느 정도 덩치가 있는 금액인 만큼 절대로 잃거나 손해를 보면 안 되는 계좌라고 생각한다. 다시 말해서 불리는 목적보다 지키는 목적이 더 큰 계좌라고할 수 있기에 조금은 보수적인 운영을 하는 것이 최선이다.

보수적이라고 표현했지만, 이런 계좌에서도 큰돈이 만들어질 수있다. 시장을 선도하는 중심주, 대형주에 투자한 덕분에 시간이 흐를수록 시세차익, 배당으로 돌아오는 수익의 크기가 만만치 않다. 시간과의 싸움을 통해 복리를 기다리는 것이다. 만약 생각보다 운이 안따라 큰 수익을 거두지는 못하더라도 절대로 잃지 않는 것이 핵심이다. 그러니까 수익은 덤으로 생각하자는 것이다. 손실이 발생하면 절대로 안 된다는 것이 전제조건이다. 간혹 큰 수익이 전망되는 신규 공모주에 참여하는 계좌도 대체로 이 계좌를 사용한다. 이런 계좌는 수익이 나도 인출하지 않고 쉬었다가 기회를 봐서 재투자에 나선다.

📊 슈퍼개미의 계좌관리

나는 지속적인 목표 설정의 일환 중 하나로 매월 2차례 이상 전체 계좌를 들여다보며 관리한다. 그리고 연말이 되면 내 모든 계좌를 다시 세팅한 후 새로운 마음가짐으로 새해를 맞는다. 혹 인출할 돈이 있으면 다른 자산으로 편입하고, 계좌를 재정비하면서 한 해 계획했던 목표 수익률에 얼마나 다다랐는지 등도 점검한다. 전업투자 초기 2~3년에는 1년 기준 7~8개월 수익이 났고, 경험이 누적되고 나름 원칙을 따라 투자를 하다 보니 지금은 1년 기준 평균 10개월 이상 수익을 내는 편이다. 연초 세팅한 투자금액에서 단 한 해도 손해를 본 적이 없다.

계좌가 많다 보니 신경을 안 쓰면 돈이 안 붙는다. 계좌관리는 자산을 불리고 지키는 데 반드시 동반해야 하는 일이다.

나는 현재 크고 작은 계좌를 모두 더하면 열다섯 개가량 운용하고 있다. 그중 절반은 단기투자용 계좌, 나머지 절반은 중장기투자용 계좌이며, 이들 계좌와는 별개로 2개의 해외주식 계좌도 운용한다.

그런데 계좌가 많으면 관리도 어렵고 집중도 쉽지 않다. 집중력이 떨어질 경우 수익이 불어나는 속도가 더딜 수밖에 없다. 따라서 나는 향후 1~2년 사이에 현재 운용 중인 계좌와 투자금을 절반 정도로 줄일 계획도 갖고 있다.

단기투자는 비교적 작은 계좌로 구성된다. 금액이 적다고는 해도 최소 1~2억 원 수준의 계좌인지라 일반 투자자이 생각할 땐 큰 금액이라고 느낄 수도 있겠다. 나의 경우 유동성이 넘치는 시장에서는 5억 원 정도의 계좌까지도 단기투자에 활용한다. 이런 계좌들은 단기투자 모형을 최대한 지키며 운용하는데, 나름의 단기투자 전략을 사용하여 투자에 임한다.

여기서는 수익이 날 때마다 반드시 인출하여 현금화하는 것을 원칙으로 삼는다고 앞에서 밝힌 바 있다. 현금 인출이 내가 생각하는 단기투자에서의 주요 투자원칙 중 하나다. 주식을 처음 접하는 대부분의 투자자가 단기투자부터 시작한다. 그런데 정작 주식에서 안정적으로 많은 돈을 벌 수 있는 확률이 단기투자가 아닌 중장기투자에 있다. 즉 단기투자에서 수익이 나야만 더 분발하여 중장기투자로 매끄럽게 넘어갈 수 있는데, 많은 분들이 단기투자의 문턱을 못 넘은 채 주식을 포기하는 모습을 심심찮게 목격한다. 따라서 필사적으로 단기투자에서 수익이 나도록 노력하는 것이 중요하다.

20년 이상 전업투자자로 살아온 이래, 시장이 어려워 수익이 적게 나는 해가 있기는 했지만, 연간 기준 전체 자산에서 손실이 난 해는 단 한 번도 없었다. 최소 직장인들이 근로의 대가로 월급을 받는 수입 이상의 돈을 벌었기 때문에 전업투자 생활을 이어올 수 있었다.

지속적인 목표 설정과 중간 점검

지속적인 목표는 사람들에게 동기를 제공한다. 자신의 돈이 어디에 어느 곳에 얼마나 들어가 있는지 파악하고 있어야 한다. 필자는 매월 투자금액 대비 구체적인 수익률을 목표로 잡고 그 결과를 꼼꼼히 메모한다. 마치 영업사원이 매달 말이 되면 상사에게 영업결과와 실적을 보고하듯이 말이다. 이런 루틴을 습관처럼 갖는 것이 중요하다. 목표가 있어야 중간 점검이 이루어진다. 막연한 목표는 막연한 투자를 이끌고 막연한 투자의 결과는 좋게 나올 리 없다. 일반 투자자라면 적어도 한 달에 두 차례 정도는 계좌를 들여다보면서 자신의 돈이 현재 어떤 모습인지 꼼꼼하게 살펴야 한다.

독자 여러분이 참고할 만한 안타까운 사례 하나를 소개한다. 얼마 전 한 지인의 소개로 만난 K씨의 이야기다. 그는 나에게 자신이 매수한 종목을 한번 점검해 달라는 부탁을 해왔다. 주변 사람들로부터 1년에 몇 번씩 요청해오는 일이기에 나는 흔쾌히 K씨의 부탁을 들어주기로 했다. 그리고 K씨의 계좌를 살펴보았는데, 그 분의 계좌는 전혀 관리가 안 되고 있었다. 심지어 거래정지 종목에서 엄청난 손실이 났음에도 불구하고 K씨는 그런 사실조차 인지하지 못하는 듯했다. 안타까운 일이지만 K씨와 같은 주식투자자가 생각보다 많다. 이런 결과는 돈에 대한 간절함이나 집중력이 부족한 탓이다. 그래서 지속적인 목표 설정이 중요하다.

지속적인 목표 설정이란 중간 점검을 의미한다. 본인이 정해둔 목표를 얼마나 달성했는지를 가끔씩 점검하자는 말이다.

구체적인 목표도 없이 막연하게 수익이 나기만을 기대하는 건 실패하는 투자자가 될 가능성이 높다. 앞서 필자는 돈에 집중해야 한다고 말했다. 만약 돈에 집중하지 않으면 돈이 다른 곳으로 도망가기 때문이다. 자주 들여다보면서 관리하고 예뻐해야만 돈도 주인 마음을 알고 처음 목표대로 움직여준다. 그래서 나는 최소 한 달에 2회 정도는 계좌를 들여다보며 관리하는 것이 좋다.

돈에 대한 목표 설정과 점검은 우리에게 투자 방향성을 다시금 일깨워주기도 하는데, 혹 나도 모르는 사이에 물린 주식은 없는지, 투자의 어느 시점에 와 있는지 등을 점검을 통해 확인할 수 있으니까 그렇다. 만약 자신의 계좌를 점검했을 때 예기치 않게 물려 있거나, 생각보다 큰 손실이 나 있는 상황이라면 미련 없이 매도하는 것이 또 하나의 원칙이다. 그렇게 계좌를 끌고 가야 한다. 늘 투자 수익성이 높은 방향으로, 새롭게 계좌를 세팅하고 관리하는 것이 주식투자자의 목표가 되어야 한다.

나는 단기투자용, 중장기투자용, 해외투자용 등 꽤 많은 계좌를 운용 중이다. 때로는 어떤 한 계좌에만 집중하느라 본의 아니게 신경쓰지 못하는 계좌가 생길 때도 있다. 그런데 내가 오랜 경험으로 터득한 사실은 크게 신경 쓰지 않은 계좌일수록 돈 잃을 확률이 높다는 점이다. 돈은 신경 써주지 않으면 절대 모이지 않으며, 멀리 도망가기도 한다. 계좌나 돈은 주인이 애정을 갖고 신경 쓰는 만큼 불어난다. 여러분이 집중하는 계좌는 반드시 불어난다는 점을 잊지 말아야겠다.

16

자산 지키기 전략 및 계좌 분산

돈이 적을 때에는 돈을 불리고 늘리는 일에 좀 더 신경 쓸 수밖에 없다. 그러나 실제로 돈을 많이 벌어서 자산이 커지면 어렵게 번 돈을 잃지 않고 유지하는 일이 보통 어려운 게 아니다. 돈이 많아지면 자산을 지키기 위한 전략도 달라져야 하고, 투자방법 또한 분명히 달라져야 한다. 가령, 규모가 큰 계좌는 절대로 잃으면 안 된다는 생각을 가져야 한다. 따라서 수익이 좀 덜 나더라도 되도록 안정적인 운영에 중점을 두는 것이 좋다.

필자의 경우 큰 계좌를 운용할 때 주로 중장기투자로 임한다. 이 때의 원칙은 무작정 주식을 많이 담는 게 아닌, 전도유망한 시장 중심주들 중에서 가격이 한참 떨어져 있을 때 매수하는 것이다. 그러다 수익이 나면 매도하는데, 여기서도 전제조건은 너무 수익에 욕심 부리지 않는다는 점이다. 이런 계좌의 관리는 수익 면에서는 보수적이더라도 안정성을 더 우선시해야 한다.

단기투자의 경우 앞서 언급한 것처럼, 수익이 나면 나는 대로 바로 인출하는 게 계좌관리 비결이다. 절대 이 원칙을 절대 잊지 않으려 노력한다. 주식을 처음 하시는 분들은 특히 필자의 이야기를 귀담아듣기 바란다. 나 역시 처음에는 하나의 계좌로 시작했다. 처음 치곤 괜찮은 수익을 낼 수 있었는데, 하나의 계좌가 5,000만 원이 넘어서면서 계좌 나누기의 필요성을 느꼈다. 그래서 3,000짜리와 2,000짜리로 처음 계좌를 나누었다. 이후 3,000만 원짜리가 1억 원을 넘으면 인출, 나머지 2,000만 원짜리가 1억 원이 넘으면 반드시 인출했다. 지금은 1억 원이 넘는 계좌뿐 아니라 수십 억 원짜리 계좌들도 있지만, 전업투자 초기에는 1억 원이 넘지 않는 선에서 계좌를 재정비했다.

바로 이런 방법으로 계좌도 하나씩 늘려갔고, 현금도 인출했다. 어느 정도 여유 자금이 생기면 단기계좌에서 수익이 난 돈을 인출하여 중장기투자용 계좌로 옮기는 것이다. 돈의 가치가 하락하고 자산가치가 올라가는 유동성이 넘치는 저금리 시대에는(은행 관계자 여러분이 들으면 섭섭할 수 있겠지만…) 은행에 저축할 이유가 없다고 생각한다. 일단 자금이 큰 계좌는 손실이 나지 않도록 관리하는 것이 최우선의 목적이 된다.

📊 현금 인출 후 중장기투자로

나는 여러분이 단기투자로 수익을 실현했다면, 현금으로 인출할 것을 권고했었다. 물론 이와 같은 원칙이나 지론에는 변함이 없지만, 시대가 바뀌면 생각도 조금 바뀔 필요가 있다. 요즘에는 은행의 금리가 턱없이 낮아 현금으로 갖고 있어도 과거처럼 큰 도움이 되는 건 아니다. 따라서 단기투자로 수익이 나면 일단 인출하여 자금의 크기를 불린 후, 중장기투자를 시도해보는 것도 좋은 전략이다. 중장기투자에 관심을 갖고 집중하면, 자연스럽게 시장을 보는 안목이나 경제 흐름을 파악하는 능력이 배가되기도 한다.

17

특별하지 않은 듯, 특별한 비법

지금까지 책을 읽어오면서 실망한 분들도 있을 것 같다. 혹시 아무도 모르는 최고의 투자비법을 기대한 채로 인내심을 갖고 여기까지 오셨는지도 모른다. 이미 1장이나 2장 초반 정도만 읽어본 것만으로 충분히 느끼고 짐작했겠지만, 이 책에 남다른 투자 비결이나 내가 꼭꼭 숨겨온 투자비법을 독자들에게 공개하는 건 아니다. 그런 이야기를 쓰고 싶어도 실상 그런 것이 세상에 없으니 쓸 수도 없다. 거짓말을 좀 보태거나 꾸며낼 수는 있겠지만, 그럴 이유가 없으니 그러고 싶지 않다. 그럴듯한 거짓은 금세 죽고 특별할 것 없어 보이는 진실은 오랫동안 남는다.

그동안 주식을 하면서 느낀 소회와 본질, 주식투자의 속성에 대해 솔직하게 털어놓고 싶었다. 어렵지 않다는 것을 알려주고 싶었다. 필자는 특별한 비법을 적용하지 않았지만 특별히 많은 돈을 벌었으니 그 일이 특별하다면 특별한 일일 수도 있다.

개인적으로 바둑을 즐겨보는 편이다. 바둑에서는 내가 거의 죽을 상황에 처했더라도 간혹 반전을 만들어주는 묘수라는 게 있다. 인류 최초이자 마지막으로 알파고를 승리한 이세돌 기사가 얼떨결에 놓았다는 그 한 수가 사람들 입으로 회자되는 대표적인 바둑의 묘수다. 당연히 주식투자에서도 묘수를 바랄 수 있겠다. 하지만 단언컨대 수많은 사람들이 주변 사람들을 현혹시키고자 터무니없는 말을 늘어놓으며 강조하는 묘수란 대부분 허황된 이야기다. 묘수는 없다. 획기적인 투자법이나 어떤 공식, 법칙도 있을 리 만무하다.

책의 처음부터 지금까지 내내 강조해온 나름의 투자원칙을 지키는 것이 주식투자에서의 묘수이자 신의 한 수라면 한 수다. 상식적이고 이성적인 투자, 시장 흐름 보는 눈 갖기, 늘 찾아오는 기회 파악하기, 꾸준히 공부하기, 내 안의 심리 다스리기 등이 원칙일 수 있다. 나뿐만 아니라 주식으로 큰 수익을 낸 분들은 하나같이 이런 말을 강조한다.

이런 원칙이 세워졌다면 실천하려고 노력하는 것이 주식투자에서의 신의 한 수가 된다. 다른 건 없다. 나름의 원칙을 실천하느냐 마느냐의 여부다.

다시 바둑 이야기를 해보자. 여러분들 중에서 내기 바둑을 즐겨하거나 한중일 3국의 바둑 고수들이 펼치는 대국을 좋아하는 분들이 꽤 있을 것 같다. 그런데 바둑의 고수가 되면 상대방을 바둑판 위에서 가지고 놀 수 있다. 하수를 쥐락펴락하며 바둑판이 더없는 놀이터가 된다. 주식에서도 고수의 경지에 오르면, 이 시장이 놀이터로 여겨진다. 몇 억 원의 돈으로 계좌를 세팅해 1년 운용하면 1년 사용할 경비를 다 제하고도 투자금액만큼의 수익 100%를 낼 자신이 있다고 말했다. 그만큼 필자는 이 시장이 익숙하고 쉽다. 생리를 알고, 판이 어떻게 돌아가는지 눈에 보이기 때문이다. 그러나 주식 하수는 주식시장이 그야말로 생지옥이다. 발버둥을 칠수록 헤어나올 수 없다. 고수가 되어 주식시장이 놀이터가 되려면 어찌해야 할까? 답은 이미 여러분에게 알려주었다. 눈치채지 못했다면 처음부터 다시 꼼꼼히 읽어보기를 권한다.

처음 주식투자를 시작할 때, 생활비를 제외하고 딱 300~500만 원의 여유가 있다면 더 바랄 게 없다고 생각했다. 내가 필요할 때마다 뽑아서 쓰는 현금인출기가 집에 하나 있으면 좋겠다고 생각했다. 그런데 정말 그 꿈이 이루어졌다. 시장에서 어느 정도 인정받은 필자 입장에서는 주식시장이 현금인출기 역할을 한다. 처음에도 그랬고 앞으로도 계속 그럴 것이다. 하지만 고수가 아닌 주식 하수로 살아간다면 이 시장이 처음부터 마지막까지 예기치 않게 찾아오는 불편한 요금청구서가 될 수도 있다. 세상이나 바둑판이나 마음의 눈을 떠야 판이 잘 보인다.

18

돈에 대한 나의 생각

직장생활과 학원 운영을 그만두고 전업투자자가 된 지 20년이 넘었다. 지나고 보니 이 직업을 통해 큰돈을 벌 수 있었음에 감사한다. 나는 주식투자 수익으로 보통의 일반인들보다 여유 있는 삶도 누릴 수 있었다. 이 역시 감사한 일이다. 사실 돈에 대한 집착이나 욕심이 그리 강한 편이 아니다. 그저 전업투자자로서 나에게 주어진 일을 열심히 해온 것이 큰 수익이라는 결과로 만들어졌을 뿐이다. 그래서 마지막으로 돈에 대한 나의 생각을 적어보려 한다. 돈에 대한 필자의 철학쯤이라고 보면 될 것 같다.

책의 서문에서도 밝혔지만, 돈이란 것이 경우에 따라 우리를 초라하게 만들기도 하고, 때로는 자신감의 원천이 되기도 한다. 나의 어린 시절은 워낙 돈이 없었다. 돈 때문에 마음에 상처를 받은 초등학교 때의 에피소드가 하나 있지만 굳이 밝히고 싶지는 않다. 다만, 돈이란 녀석이 사람을 참 초라하게 만든다는 생각을 아주 어린 시절에 생생히 경험했다. 철이 좀 일찍 들었던 모양이다. 큰 부자가 되지는 못하더라도 남에게 손 벌리지 않는 정도의 돈은 꼭 벌어야겠다고 막연하게나마 결심했던 것 같다. 이렇듯 나는 돈에 대한 개념을 알아가면서도 사실 큰돈에 대한 욕심은 없었다. 전업투자자가 되어 일반 사람들이 바라는, 딱 그 정도의 수입이면 족하다고 생각했다.

주식투자를 직업으로 선택한 이유도 사실 돈이 목적이 아니었다. 나이가 들어도 계속 할 수 있는 일, 사람을 만나 상대하면서 받는 스트레스가 없는 일이 주식투자의 장점이라고 보았다.

그리고 나름 자신도 있었다. 자신감과 더불어 생계와 긴밀한 관계가 있어 자칫 잘못하면 생존이 어려울 수 있겠다는 생각이 들면서 죽기 살기로 공부했다. 큰 성공보다 중요한 건 눈앞의 생존이었다. 그렇다고 처음부터 큰 수익이 난 것도 아니다. 여러 차례 밝혔듯이 투자금액도 1,000만 원 수준이었다. 운이 좋았든, 나의 투자 실력이 되었든 간에 시간이 조금씩 지날수록 수익에 수익이 눈덩이처럼 불어났다.

그렇게 돈을 제법 벌었지만, 절대로 돈에 인색하지 않으려 노력했다. 돈 앞에서 어느 정도 자유롭고, 항상 여유 있게 배려하고자 애를 쓰며 살았던 것 같다. 돈은 가치 있게 사용할수록 돈의 자존심을 지켜주는 일이라고 생각한다. 그리고 무엇보다 돈에 대하여 선한 생각을 갖추고 있어야만 돈이 잘 붙는다고 생각한다. 그래서 나는 주식투자로 돈을 벌면 선한 곳, 의미 있는 일에 쓰려고 노력하는 편이다. 많은 돈을 벌어서 감사하고 행복하지만, 더 많은 돈을 벌어야겠다는 욕심은 없다. 전업투자가 나의 직업이니까, 나의 일에 최선을 다하는 것이다.

끝으로, 어렵게 번 돈을 어떻게 관리해야 좋을지에 대해서도 한마디 하고 싶다. 우리가 어렵게 일군 수익을 어떻게 관리하느냐에 따라서 자산이나 돈의 크기가 달라질 수밖에 없다. 주인이 항상 관심을 갖고 지켜보면서 관리하면 자산은 또 다른 친구를 곁으로 불러오기도 하고, 반대로 주인이 무심하거나 별 생각이 없다면 돈은 다른 곳으로 도망가기도 한다. 그것이 돈의 심리이며 속성이다.

힘들게 일군 자산을 진정한 내 돈으로 만들어 유지하고 잘 지켜나가려면 적절한 돈 관리가 필수적이다. 그러나 한편으로는 돈 관리란 경험이 있어야 가능한 일이기도 하다. 큰돈을 관리하는 능력은 하루아침에 이루어지지 않는다. 내 돈의 크기가 조금씩 커질수록 그에 걸맞은 돈 관리 능력도 함께 키워가야 한다. 돈을 관리하는 능력이 부족하면 어느 날 갑자기 큰돈이 생겼을 때 어쩔 줄 모르고 우왕좌왕하다 금세 잃기도 한다. 돈은 불리고 만드는 일도 중요하지만 지키는 일은 더 중요하다. 꼼꼼한 관리로 지켜낸 돈만 평생의 친구로 남게된다. 내가 평소에 생각하는 돈의 개념이나 자산 관리에 대한 생각은 위와 같다.

주식을 비롯하여 금융상품에 투자하는 사람들의 실력은 결국 수익률이 모든 걸 말해줍니다. 다른 건 필요 없고, '돈을 얼마나 벌었느냐?'가 그 사람의 실력이 됩니다. 그러나 주변을 살펴보면 실력보다 말만 앞서는 주식투자자, 본인 드러내기를 좋아하는 주식투자자가 많습니다. 진짜 실력인 돈을 얼마나 벌었는지를 감추고 주변의 것들로 자신을 포장합니다. 그래서 이렇게 내가 강연을 하거나 책을 쓰는 것인지도 모릅니다. 당당히 나의 실력으로 열심히 돈을 벌어봤으니까 자신 있게 강연도 하고 책도 쓸 수 있다고 생각합니다. 그저 오랜 시간 주식투자를 하면서 내가 겪은 경험과 조언을 공유함으로써 여러분이 내가 걸어온 길을 선택하더라도 성공할 수 있다는 희망을 주고 싶었습니다.

이 일을 오래 하다 보니, 단순하게 생각하고 접근하는 것이 효과적임을 깨달았습니다. 저도 과거에는 남들이 참고하는 보조지표나 차트

같은 것에 의지했던 것 같습니다. 물론 기술적 분석도 무시할 수는 없습니다만, 시장이 망가졌을 땐 이런 지표들도 절대 안 통하는 무용지물입니다. 미래의 희망을 보고 투자하는 행위에 과거의 결과가 절대적인 도움이 되는 것도 아니며 참고용일 뿐입니다.

하나 더, 기업을 숫자로 분석한 재무제표도 그렇습니다. 물론 재무제표를 볼 줄 알면 도움이 되기는 하겠지만, 일반 주식투자자가 반드시 꼭 알아야 하는 건 아닙니다. 이런 건 전문가의 영역일 수 있다고 생각합니다. 기술적 분석이나 재무제표보다 중요한 것이 있습니다. 시장이 흘러가는 모습을 아는 것, 시장을 보는 안목 키우기입니다. 나머지는 모두 지엽적인 이야기라고 말하고 싶습니다. 그래서 다른 주식 책에서는 쉽게 볼 수 있는 보조지표나 그래프, 그리고 시각적인 자료를 대부분 생략했습니다. 물론 그 정도는 다 아는 이야기일 거라는 생각도 일부 작용했습니다.

그리고 본문에서 강조했던 간절함과 절박함을 마음에 품는 일도 중요합니다. 잘못된 투자습관을 개선하지 못해 실패하면, 생존의 위협을 받는다는 위기감도 느껴야 합니다. 주식투자를 만만히 생각한 채 올라도 그만, 잃어도 그만이라고 여긴다면 차라리 주식 말고 다른 일을 하는 게 낫다고 봅니다. 돈을 절실히 여기지 않고 쉽게 생각하면 따라붙지 않기 때문입니다. 주식투자에 대한 안일한 생각과 접근은 수익이 아닌 손실만을 남겨줍니다.

저는 위와 같은 생각으로 주식투자를 하는 분들을 정말 많이 만나보 았습니다. 그들 대부분은 손실만 경험했겠지요. 이런 분들은 잘못된 투자의 체질개선 이야기나 조언을 수없이 들으면서도 정작 자신의 투자에 적용하지 않는데, 절박함이 없기 때문입니다. 어떤 일이든 마 찬가지겠지만, 특히 주식투자는 절박함과 간절함으로 매달리고 집중 할 때 좋은 결과가 나올 확률이 높습니다.

지난 시절을 되돌아보면 간절함과 절박함을 품고, 하루하루 집중했 습니다. 혹시 나의 잘못된 투자습관이 보이면 하나씩 고쳐 체질개선 도 이루었습니다. 물론 체질개선은 지금도 해나가는 중입니다. 그렇 게 깨달은 투자원칙, 철학을 여러분에게 책으로 소개했습니다. 많은 분들이 언젠가는 분명히 겪을 수밖에 없는 시행착오를 줄이는 데 제 이야기가 도움이 되었으면 합니다. 일반인들 중에는 지금도 어려운 경제 형편에서 못 벗어난 분들이 많을 것으로 압니다. 특히 경제적으 로 어려움을 겪는 분들에게 제 이야기가 용기와 희망이 되기를 진심 으로 바랍니다. 쉬운 길은 아니었지만 제가 걸어온 전업투자의 길이 여러분에게 또 한 가지 대안으로 기억되기를, 그리고 실천되기를 진 심으로 바랍니다.

마지막으로 아무리 힘든 시절이 닥쳐와도 끝까지 용기와 희망을 잃 지 않는 여러분이 되기를 진심으로 응원합니다.